外国語活動サポートBOOKS

クラスが
男女が仲良くなれる！

小学校英語
コミュニケーションゲーム
100

英語ゲームで子ども同士のコミュニケーションが深まる！

加藤 拓由 著

明治図書

はじめに

　中学校に進学していった卒業生から、こんな声を聞きました。「小学校の英語はゲームで遊んでばかりで、何も身につかなかった。」
　また、担任の先生からは「英語の時間のゲームは、子どもたちが騒がしくなったり、けんかになったりして懲り懲りだ。」という意見も。
　本来楽しいはずの外国語活動のゲームが、なぜこんな残念な結果になってしまっているのでしょうか？　それは、

> 「外国語活動を通じて、子どもたちにどんな力をつけたいか？」

という重要な視点が抜け落ちているからではないかと思います。
　小学校の先生は、それぞれの授業を通して「どんな子どもを育てたいか？」「どんな力をつけさせたいのか？」を常に意識しています。それを、指導観とか教材観ということばで表現することもあります。
　では、小学校外国語活動のゲームでは、子どもたちにどんな力をつけることができるのでしょうか？　様々な考え方がありますが、私は、

> 「コミュニケーション活動を通じて、豊かで温かい人間関係を築く」

ことだと信じています。
　あるとき、外国語活動で名刺交換ゲームをしました。英語であいさつをして名刺交換をするだけでは意味がないので、もらった名刺に一言ずつ簡単なメッセージを書いて、持ち主に返すようにしました。
　授業後、一人の女の子が、自分のメッセージカードを持って来て「先生、○○ちゃんが『これからもずっと友達だよ！』って書いてくれた。」とうれしそうに見せてくれました。ゲームを通して、子どもたちの温かい「こころ」を交換していたのです。
　外国語活動をクラス作りに活かしてみたい先生、英語は苦手だけど人間関係作りが得意な先生に、ぜひ本書のゲームを活用して頂きたいと思います。
　平成27年4月

加藤　拓由

本書の使い方

本書で紹介するゲームは以下のような見開き2ページ構成になっています。

①ゲームの主な目的　→　目的を5つのカテゴリーに分けてあります。

②主な英語表現

→　ゲームを通して身につけさせることができる英語表現を表しています。

③対象人数，対象学年，およその時間，主な準備物などを表しています。

④ゲームのねらい

→　ゲームを通して子どもにどんな力をつけさせたいかを表しています。

⑤ゲームの手順

→　ゲームを進める順番や，英語・日本語の指示の例が示してあります。

⑥ゲーム詳細

→　各場面での詳しい説明や，ゲーム実施上の留意点が示してあります。

⑦人間関係作りのポイント

→　人間関係作りの視点から，特に注意すべきポイントが示してあります。

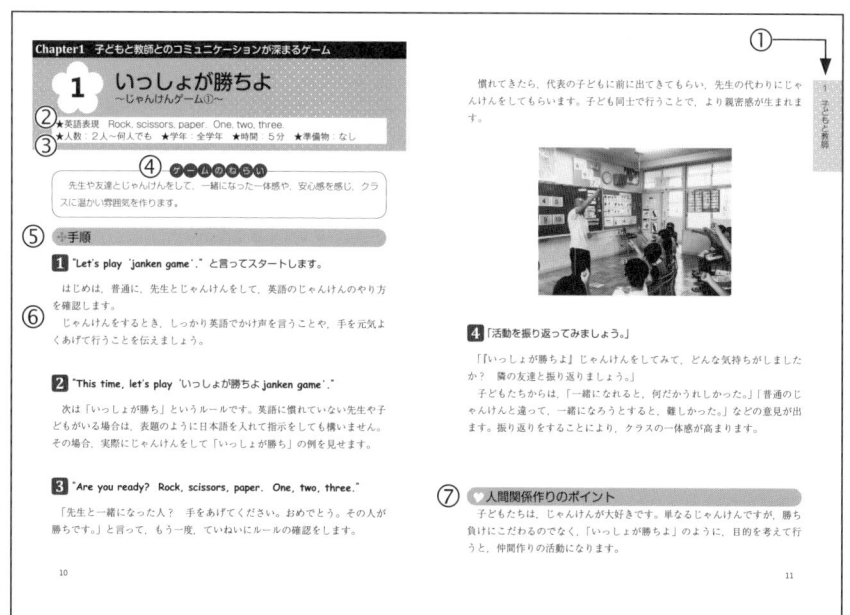

絶対成功する！ゲーム指導の5原則

「英語のゲーム活動がなかなかうまくいかない！」と嘆いている先生方のために。これさえ守れば，きっとあなたもうまくいく。「ゲーム指導の5原則」をこっそりお知らせします。

①ゲームの目的を明確にする
→ そのゲームをなぜ行うのか？ 目的をはっきりさせましょう。単元の導入で果物の名前をたくさん聞かせたいはずなのに，果物の名前を何度も言わせるゲームをしては意味がありません。

②ゲームの説明はできるだけ簡単に
→ ルールがやたら複雑で，説明に時間のかかるゲームはNGです。そして，くどくど説明するより，まずは，代表の子どもを前に出して，実際にやって見せることが大切です。

③道具や準備に手間をかけない
→ ゲームのためにわざわざ膨大な時間を使って，カードなどを準備するのはもったいない。できる限り教室にあるもので行いましょう。

④ゲームの時間は短く
→ 一つのゲームは，説明を含めてせいぜい10分程度にとどめましょう。どんなに子どもが盛り上がっていても，時間になったらサッとやめて，次の活動に移ります。

⑤ゲームのあとの振り返りを大切に
→ ゲームもやりっ放しはダメ。活動のあと，たとえ30秒でもいいので，どんな点がよくできたか？ どんな学びがあったかなどをペアで話し合い，その結果を全員で共有しましょう。

ゲームは，フルコースの料理に例えれば，前菜やサラダ，スープのような存在。メインディッシュ（主活動）の味を引き立てるために，さっと提供され，あまり目立たず，量もそこそこで，様々なバリエーションで味覚を楽しませる。ゲームをそんなふうに考えてアレンジしてみてはどうでしょう？

Contents

はじめに 2　　本書の使い方 3　　絶対成功する！ゲーム指導の5原則 4

Chapter 1
子どもと教師とのコミュニケーションが深まるゲーム

1 いっしょが勝ちよ ～じゃんけんゲーム①～　　Rock, scissors, paper. One, two, three.　10
2 負けるが勝ちよ 他 ～じゃんけんゲーム②～　　Rock, scissors, paper. One, two, three.　12
3 友達のわっ！ ～じゃんけんゲーム③～　　Rock, scissors, paper. One, two, three.　14
4 スプーンキーワード　　いろいろな語彙（しっかり聞く練習）　16
5 PEN と PAN と PIN　　音韻認識，音に対する気づき　18
6 目隠し行進ゲーム　　道案内　20
7 Up, Down, Catch! ①　　Up. Down. Catch.　22
8 おはじき BONGO ①　　各種語彙　24
9 テレパシー What's This?　　What's this?　26
10 ピクチャーハント　　よく聞く練習・語彙　28
11 あまのじゃく道案内　　道案内　30
12 だまされちゃ，だめよ～！　　身体の部分の語彙　32

Chapter 2
子ども同士のコミュニケーションが深まるゲーム

13 セブン・イレブンじゃんけん　　Rock, scissors, paper. One, two, three.　34
14 ユビスマ　　one two three four five … 数　36
15 Say 21!　　数字　38
16 We Are the Same!　　基本表現（しっかり聞く練習）　40
17 究極の選択ゲーム　　I like ～．など　42
18 目は口ほどに　　Are you sad?　44

5

19	伝染るんです！	I'm happy. など	46
20	やわらかハート送り	How are you? I'm happy. など	48
21	Pointing Game ①	各種基本語彙	50
22	ブラインド・ウォーク	道案内	52
23	気分は何色？	色	54
24	世界の国からこんにちは！①	世界のあいさつ	56
25	名前回し① 基本	自己紹介	58
26	名前回し② 応用	自己紹介	60
27	名前回し③ 発展	自己紹介他	62
28	Up, Down, Catch! ②	Up. Down. Catch.	64
29	What's Missing? ①	各種語彙	66
30	Who's Missing? ①	誕生日	68
31	Who's Missing? ②	いろいろな疑問文	70
32	What's the Difference?	服装	72
33	What's the Same?	服装	74
34	変形ステレオゲーム	各種語彙	76
35	ドンじゃん①	各種語彙	78
36	ドンじゃん②	各種語彙	80
37	○× Can Can't	can	82
38	オール Yes!	いろいろな疑問文	84
39	お絵かき What's This?	What's this?	86
40	背中で What's This?	What's this?	88
41	ボディー・アルファベット	アルファベット	90
42	ABC おしリレー	アルファベット	92
43	ABC 迷子捜し	アルファベット	94
44	バースデー・チェーン	誕生日	96
45	タイム・チェーン	時間	98
46	Help Me! レスキュー	Please help me. Sure.	100

47 ジェスチャー・レストラン	ていねいに尋ねるときの表現	102
48 Can Can't ハンティング	can	104
49 Hi! Hi! 送り	Hi! Hello! Good morning.	106
50 レッドカーペット！	様々な表現力	108
51 Do You Remember?	What fruits do you like? など	110
52 Odd One Out!	ブレインストーミング	112
53 漢字で「ドボン！」	Do you have 〜?	114

Chapter 3
集中&リフレッシュできるゲーム

54 早撃ち計算 〜じゃんけんゲーム④〜	Rock, scissors, paper. One, two, three.	116
55 以心伝心 〜じゃんけんゲーム⑤〜	Rock, scissors, paper. One, two, three.	118
56 数字送り	one two three four five ... 数	120
57 ○○ニョッキ！	数字，曜日，月など	122
58 Don't Say 25!	数字など	124
59 One to Ten Lucky!	数	126
60 Plus 2 Minus 2	数	128
61 Sunday to Saturday, Happy!	曜日や月	130
62 What's Missing? ②	各種語彙	132
63 記憶のチェーン	各種語彙	134
64 Who Am I?	can	136
65 頭上で What's This?	What's this?	138
66 ABC みっけ！	アルファベット	140
67 ABC エスパー！	アルファベット	142
68 Don't Say Z!	アルファベット	144
69 スペリングリレー	アルファベット	146
70 イロイロカード	色	148

Chapter 4 行事にあわせてできるゲーム

71	だるまさんもどき 〜数の言い方〜	How many apples? Three apples. Well. など	150
72	進化じゃんけん	How are you? I'm happy. など	152
73	集まれ，パンパン！	What color do you like? など	154
74	ドキドキ・ネームコール	道案内	156
75	スイカわり道案内	道案内	158
76	道案内オニごっこ	道案内	160
77	イロイロ・ボーヤ	色	162
78	世界の国からこんにちは！②	世界のあいさつ	164
79	オオカミさん，今何時？	時間	166
80	What's This? 感じ	What's this?	168
81	What's This? におい	What's this?	170
82	はさみち案内	道案内	172
83	新聞UFO！	道案内	174
84	鳥とキツネ	What time do you 〜?	176
85	どっち？ドッジ	What fruits do you like?	178
86	ボキャブラ連想ゲーム	各種語彙	180
87	違っていいんです！	各種表現	182
88	嵐が来た！	What do you want? 〜, please.	184

Chapter 5 男女が仲良く関われるゲーム

89	Who's Who? 〜いろいろ自己紹介〜	Hi, my name is Taro. Nice to meet you. など	186
90	おしりあいキーワード	いろいろな語彙	188
91	うそか，まことか？	いろいろな語彙（しっかり聞く練習）	190
92	ウインク・ハント	How are you? I'm happy. など	192
93	モシモシ伝言ゲーム	基本語彙や基本表現	194

94 PENとPAN	音韻認識，音に対する気づき	196
95 Pointing Game ②	各種基本語彙	198
96 おはじきBONGO ②	各種語彙	200
97 漢字でWhat's This?	What's this?	202
98 目隠しシェープ	形	204
99 あっち，こっち，タッチ！	身体の部分の語彙	206
100 重ね重ね，Excuse Me!	What fruits do you like? など	208

おわりに　210　　参考文献　211

Chapter1　子どもと教師とのコミュニケーションが深まるゲーム

1 いっしょが勝ちよ
～じゃんけんゲーム①～

★英語表現　Rock, scissors, paper. One, two, three.
★人数：2人～何人でも　★学年：全学年　★時間：5分　★準備物：なし

ゲームのねらい

先生や友達とじゃんけんをして，一緒になった一体感や，安心感を感じ，クラスに温かい雰囲気を作ります。

❖手順

1 "Let's play 'janken game'."と言ってスタートします。

　はじめは，普通に，先生とじゃんけんをして，英語のじゃんけんのやり方を確認します。
　じゃんけんをするとき，しっかり英語でかけ声を言うことや，手を元気よくあげて行うことを伝えましょう。

2 "This time, let's play 'いっしょが勝ちよ janken game'."

　次は「いっしょが勝ち」というルールです。英語に慣れていない先生や子どもがいる場合は，表題のように日本語を入れて指示をしても構いません。その場合，実際にじゃんけんをして「いっしょが勝ち」の例を見せます。

3 "Are you ready? Rock, scissors, paper. One, two, three."

　「先生と一緒になった人？　手をあげてください。おめでとう。その人が勝ちです。」と言って，もう一度，ていねいにルールの確認をします。

慣れてきたら，代表の子どもに前に出てきてもらい，先生の代わりにじゃんけんをしてもらいます。子ども同士で行うことで，より親密感が生まれます。

4 「活動を振り返ってみましょう。」

「『いっしょが勝ちよ』じゃんけんをしてみて，どんな気持ちがしましたか？ 隣の友達と振り返りましょう。」

子どもたちからは，「一緒になれると，何だかうれしかった。」「普通のじゃんけんと違って，一緒になろうとすると，難しかった。」などの意見が出ます。振り返りをすることにより，クラスの一体感が高まります。

♥人間関係作りのポイント

子どもたちは，じゃんけんが大好きです。単なるじゃんけんですが，勝ち負けにこだわるのでなく，「いっしょが勝ちよ」のように，目的を考えて行うと，仲間作りの活動になります。

2 負けるが勝ちよ 他
~じゃんけんゲーム②~

★英語表現　Rock, scissors, paper. One, two, three.
★人数：2人〜何人でも　★学年：全学年　★時間：5分　★準備物：なし

ゲームのねらい

じゃんけんは，勝ち負けにこだわりがち。そこで，「負けるが勝ち」「後出しじゃんけん」という発想の転換をしてみましょう。

♣手順

1 "This time, let's play '負けるが勝ちよ janken game'."

今度は，「負けるが勝ちよ」というルールにします。あれこれ説明をする前に，まず，英語でじゃんけんをします。先生に負けた子どものじゃんけんを指さして，"○○ san is a winner!"と賞賛すれば，他の子どももゲームの方法をすぐに理解してくれます。

2 「負けるが勝ちじゃんけんをやってみてどんな気持ちがしましたか？」

「負けることも，面白いと思った。」
という意見が聞こえたら，取り上げてほめましょう。そして，「そうだよね，人生負けるが勝ちっていうこともあるよね。」と次のゲームへ移ります。

3 "Now, let's play '後出し janken game'."

一度だけ，日本語で行います。「先生が『じゃんけんぽん』と言って手を出したら，みんなはワンテンポ遅れて『ぽん』と言いながら手を出し，先生に勝つようにします。」2度目からは，英語のかけ声で行います。

ゲームの説明が複雑なときには，一度日本語でさらりと説明してから，英語を使った活動に入ることで，スムーズに進めることができます。

4 その他のバリエーション

　後出しじゃんけんも，先生とあいこの人が勝ちにすることも，負けるが勝ちにすることもできます。
　また，利き手と反対の手を使って，後出しじゃんけんをしてみましょう。ふだん使い慣れていない手を使うことで，さらに難しくなります。慣れてきたら，子どもに先生役を任せるとよいでしょう。

♥ 人間関係作りのポイント

　「たかがじゃんけん，されどじゃんけん」です。いつもと少しルールを変え，勝ち負けの立場を逆転させることで，子どものチャレンジ精神を駆り立て，勝負にこだわりすぎない雰囲気を作ります。

3 友達のわっ！
～じゃんけんゲーム③～

★英語表現　Rock, scissors, paper. One, two, three.
★人数：6人～10人程度　★学年：全学年　★時間：10分　★準備物：フラフープ

ゲームのねらい

英語のじゃんけんを使って，友達とさらに仲良くなれるようなゲームにしてみましょう。近づいてくる友達との一体感が楽しいゲームです。

♣手順

1 "Let's make a big circle!"「輪になりましょう！」

　真ん中にフラフープを置き，リーダー（最初は先生）が中に立ちます。子どもたちはその周りをぐるっと囲むようにリーダーの方を向いて立ちます。人数にもよりますが，両手を広げたくらいに広がった方がよいでしょう。

2 "Now, let's play janken!"「じゃんけんをするよ！」

　リーダー対周りの子ども全員で，よく見えるように，手を高くあげてじゃ

んけんをします。

"Winner, raise your hands." "One step forward, please." と言って勝者に一歩前に出るように伝えます。

3 "Let's play janken, again!"「さあ，もう一回やるよ！」

このように，じゃんけんを繰り返します。何回か繰り返すと，「だんだんリーダーに近づいていくんだな。」とわかります。

最初の子どもがフラフープを踏める位置まで近づいたら，ジェスチャーでフラフープを踏むよう指示をします。

フラフープを踏んだ子どもは，めでたくリーダーと握手できる権利をgetできます。リーダーは「握手できてうれしい！」と言って笑顔でフラフープを踏んだ子どもと握手をします。

4 「『友達のわっ！』のゲームを振り返りましょう。」

振り返りの話し合いの時間はできる限り短く（1回約30秒），1回の授業の中で2，3回はとるようにします。

子どもたちから「リーダーに近づくとドキドキした。」「友達がリーダーと握手をしているのを見ていいなぁと思った。」などの意見が出たら成功です。

リーダーと1〜5の指の数でじゃんけんをして，「あいこ」だったら，その数だけ前に進むという方法にすると早く進行できます。

♥人間関係作りのポイント

真ん中にいるリーダーとの関係性が大切です。子どもたちの関係性が低い時期は先生がリーダーをします。子どもたちの関係性が高まってきたら，子どもたちの中からリーダーをさせるとよいでしょう。

スプーンキーワード

★英語表現　いろいろな語彙（しっかり聞く練習）
★人数：5，6人　★学年：中学年以上　★時間：10分　★準備物：消しゴムなど

ゲームのねらい

キーワードゲームは楽しいゲームですが，慣れてくると，英語をしっかり聞かなくとも，反射神経的に行動する子どもが現れます。このゲームは，先生の言う英語を最後までじっくり聞かなければ反応できません。

♣手順

1 "Let's play spoons key word game! Please make groups of 5 or 6."

　5，6人で一組のグループを作り輪になって座ります。机で行っても，床に座って行っても構いません。グループの真ん中に，人数マイナス1の数の消しゴムなどを置きます。6人のグループの場合，5つ置きます。

2 "Hands on your head, please."「両手を頭の上に置いてください。」

　両手を頭の上にのせたらセット完了です。キーワードを決めたら，最初は単語だけのキーワードゲームのように，キーワードが聞こえたら素早く真ん中にある消しゴムを取ります。一人だけ取れなかった人が負けです。

3 "Please listen to me very carefully."「今度は，最後までよく聞いて。」

　もう少し難易度を上げて，単語だけでなく，英語の文章で言います。
最後まで，しっかり聞かないとキーワードが出てきません。
例えばキーワードが apple だとします。先生は次のように言います。

"I like fruits very much. I see many fruits at the supermarket. I see peaches, grapes, watermelons, cherries, apples."（ここで消しゴムを取る）

このように，最後まで聞かなければならないので，子どもは先生の英語を注意深く聞くようになります。

4 応用（算数の計算）

さらに応用編として，足し算などで行うこともできます。キーワードが数字の10だとします。先生の言う数字が10のときに消しゴムを取ります。

例）Three plus six is …（9なので取れない）

Twelve minus two is …（10なので取る）

Two plus six, plus four, minus one, minus one …（10なので取る）

♥人間関係作りのポイント

英語に限らず，先生や友達の話を最後まで，しっかり聞くのは大切なことです。ゲームのあとの振り返りで，子どもたちから「話は最後までしっかり聞くことが大切です。」などの声が聞かれるといいですね。

5 PEN と PAN と PIN

★英語表現　音韻認識，音に対する気づき
★人数：大人数　★学年：中学年以上　★時間：10分　★準備物：特になし

ゲームのねらい

「**94**　PEN と PAN」（p.196参照）の応用編です。音素の聞き取りに，動作を加えました。英語の音をよく聞き，意味を考えて反応するという複雑な手順になります。**94**のゲームにしっかり慣れてから行うと効果的です。

✤手順

1「先生が 'pen' と言ったら，ペンで何かを書くまねをします。」

「**94**　PEN と PAN」で音素の聞き取りの練習を十分に行ってから，このゲームに入りましょう。先生が言った英語を言いながら，ペンでものを書くまねをします。

2「先生が 'pan' と言ったら，フライパンで料理するまねをします。」

次は，pan（フライパン）なので，"Pan." と言いながら，フライパンで料理するまねをします。

最後は，先生が "Pin."（ピン）と言ったら，子どもたちも，"Pin." と言い，針でものを刺すまねをします。

18

3 "Are you ready?" "Pen." "Pan." "Pin."

　はじめは，先生もゆっくりと言いながら，子どもたちと一緒にジェスチャーをし，ゲームのやり方に慣れさせます。

　慣れてきたら，先生が単語だけを言い，子どもたちが正しいジェスチャーをしているかどうか確認するようにします。また，慣れてくれば，スピードアップしてもよいでしょう。

4 ゲームの応用

　さらに難しくするには，先生がわざと，言った英語と異なるジェスチャーをして見せ，子どもたちを惑わせるという方法もあります。

　例えば，先生は"Pen."と言いながら，フライパンのまねをします。子どもたちは，つられないよう，ペンのまねをしなければなりません。

　全員を立たせておいてゲームを始め，間違えた人を座らせる方法もあります。

♥人間関係作りのポイント

　「教室は間違うところだ。」ということばがあります。その割に，ふだんの授業では正解を言うことだけにとらわれていませんか？　このゲームは，間違えることをみんなで笑って容認できるところがいい点です。

 6 目隠し行進ゲーム

★英語表現　道案内
★人数：大人数　★学年：中学年以上　★時間：5分　★準備物：特になし

ゲームのねらい

　道案内の表現は，外国語活動でもよく取り上げられます。しかし，練習のための繰り返しは単調なものになりがちです。そこで，ウォーミングアップを兼ねて，身体を動かしながら楽しく道案内の言い方に慣れるゲームです。

♣手順

1 "Go straight!" "Turn right〔left〕."「まっすぐ」「右(左)に曲がります。」

　まず，基本の表現に慣れる練習です。先生の指示に合わせて，"Go straight!"はその場で足踏みをします。"Turn right〔left〕."は，その場で右（または左）を向きます。先生のあとに続いて，英語も言いましょう。

2 "Please close your eyes."「目を閉じてください。」

　今度は目を閉じたまま，**1**で行ったように，その場で足踏みをしながら，先生の指示に従って動きます。

　このとき，周囲にぶつかるものがないように，スペースをとって，安全には十分配慮しましょう。

3 "Stop. Please open your eyes."「はい，じゃあ目を開けてみて。」

　英語の指示を何度か繰り返し，右や左を向かせたあと，上のように言い，目を開けるように言います。

　目を開けてみると，数人の子どもがみんなとは違う方向を向いているはずです。

　慣れてきたら，指示を出す役目を，子どもにやらせてみてもよいでしょう。

4 アレンジ（応用編）

　慣れてくると，ほとんどの子どもが間違えることなくできるようになってきます。その場合，目を閉じさせたあと，"Please turn around 5 times." と言い5回ほど，その場でくるくる回ってから英語で道案内を行います。

　ただし，安全確保のために，2人一組で行い，一人はふらつかないように支えてあげるなどの配慮が必要です。

♥人間関係作りのポイント

　人の失敗の揚げ足を取って笑うのはよくないことです。しかし，ちょっとした間違いを，さわやかに笑い，励まし合えたら，間違いに対する寛容性が広がります。このゲームも，そんな雰囲気作りに役立ちます。

7 Up, Down, Catch! ①

★英語表現　Up. Down. Catch.
★人数：大人数　★学年：全学年　★時間：10分　★準備物：なし

ゲームのねらい

　この活動で使う英語は up, down, catch のたった３つです。低学年の子どもから大人まで，みんなで楽しめるゲームです。相手に指をギュッと握られれば，大人も子どもも「キャー」とうれしい悲鳴を上げます。

✤手順

1 "Please make a big circle."「大きな輪を作りましょう。」

　全員で輪を作り，立って行います。できるだけ，男女が交互になるように立つと，ゲーム中に男女の交流が深まります。右手の人差し指を写真のようにします。左の手は拳を軽く握るように穴を作ります。

2 "Get set. Are you ready?"「準備してください。用意はいいですか？」

　左右の手を，次の写真のように腰のあたりの高さで構えます。
　全員が，右手の人差し指を，右隣の人の穴の上にセットしたら，ゲームの準備完了です。隣の人との距離が離れすぎないようにしましょう。

3 "Up, down, catch!"

　先生が"Up."と言ったら，右手の人差し指を天井に向けてあげます。
　"Down."と言ったら，右手の人差し指を，右隣の人の左手の穴に入れます。"Catch."と言ったら，自分の左手の穴をギュッと閉めて，左隣の人の人差し指を捕まえます。
　このとき自分の右手の指が捕まらないよう，さっと逃げましょう。

4 留意点

　実際にゲームに入る前に，手順をていねいに説明し，全員にやり方を理解させましょう。
　先生は，スリル感を増し，子どもたちにしっかり聞かせるために，Ca … tとか，Ca … pなど，わざと紛らわしい言葉を入れて，ミスを誘うようにすると盛り上がります。

♥人間関係作りのポイント

　このゲームは英語の定着より人間関係作りに重点があります。捕まえたり，捕まえられたりしながら，知らぬ間にクラスのムードが柔らかくなるはずです。学期初めの雰囲気作りに活用できるゲームです。

8 おはじき BONGO ①

★英語表現　各種語彙　★人数：大人数
★学年：全学年　★時間：10分　★準備物：おはじき，教科書など

ゲームのねらい

ビンゴは外国語活動で使われる定番のゲームです。しかし，1回やると終わりになってしまう難点があります。このゲームは，ビンゴの手軽さや楽しさを残しつつ，何度も繰り返しできるようにした「ボンゴ」ゲームです。

♣手順

1 "Please take 5 marbles."「5つずつおはじきを取りましょう。」

おはじき，または，それに代わるものを一人5つずつ配ります。絵がたくさんある場合には，おはじきを，もう少したくさん配布してもいいです。

2 "Please put 5 marbles on the pictures."「おはじきを置きましょう。」

教科書に絵がたくさんあるページを開かせます。アルファベットや数字などでもいいです。

それらの絵の上に，先生から手渡されたおはじきを5つ置きます。一つの絵に，一つのおはじきを置きます。複数置いてはいけません。

3 "Please repeat after me."「あとに続いて言いましょう。」

先生が言う英語を繰り返して言います。もし，言われた絵の上におはじきがあれば，英語を言ったあとでおはじきを取り去ります。

これを続けていき，あと一つで，おはじきが全部なくなるというときには

「リーチ」と言い立ちます。

そしておはじきが全部なくなったら，元気よく「ボンゴ」と言います！

4 応用編

　慣れてきたら，先生が英語を言うだけでなく，子どもたちに選ばせるのもよいでしょう。

　例えば，食べ物の単元ならば，先生が"What would you like?"と尋ね，子どもが"I'd like juice."など，自分の欲しいものを言います。テンポよく，早めにやりとりをしましょう。

💗人間関係作りのポイント

　このゲームは，英語のできる，できないによって勝敗に影響が出ません。おはじきを置く位置という，そのときの運で勝敗が決まります。ゲームの勝者をいつも以上にしっかりほめてあげましょう。

 9 テレパシー What's This?

★英語表現　What's this?
★人数：大人数　★学年：高学年　★時間：10分　★準備物：絵カード

ゲームのねらい

テレパシーの「テレ」は「離れて」,「パシー」は「気持ち・心」の意味。離れていても,心や気持ちが通じたらうれしいですね。これは,そんなテレパシー（？）を使った"What's this?"のゲームです。

❖ 手順

1 "I have a picture card here."「ここに絵カードがあります。」

子どもたちの前に椅子を一つ置き,先生がそこに座ります。先生は絵カードを1枚持ち,子どもたちに見えないようにして,上のように言います。子どもたちはそのカードが何かを想像し当てるゲームです。

2 「テレパシー〜〜〜！」 "What's this?"

「先生は超能力者です。今からこの絵カードをテレパシーで送ります。みんなは，テレパシーを受け取って，それが何か当ててね。」と説明したあと，上のように言います。できるだけ，大げさに言うと盛り上がります。

3 子ども： "Is it an animal?"　先生： "No, it is not."

子どもたちは，先生に次々に英語で質問します。一人で質問を考えるのが難しい場合は，グループで考えて質問してもいいです。

何度か質問しても，なかなか答えに近づかないときは，先生は次のように言ってヒントを出します。

「テレパシー〜〜〜！」"Fruits!"

4 子ども： "Is it an apple?"　先生： "Yes, you are right!"

3のように，ヒントを出したあともやりとりを続け，答えがわかった子どもは上のように言います。先生は，正解であれば，"Yes, you are right!" と言いほめまくります。

「先生の超能力を超えたので，次は正解を出した人が超能力者です！」と言い役割を交代します。超能力者の言動が派手だと面白いです。

♥ 人間関係作りのポイント

このゲームは，英語のやりとりよりも「自己開示」をどれだけできるかの練習です。ときにはエンターテイナーとなって，我を忘れて派手なリアクションを見せることで先生も，子どもたちも心が打ち解けます。

10 ピクチャーハント

★英語表現　よく聞く練習・語彙
★人数：大人数　★学年：中学年以上　★時間：10分　★準備物：教科書

ゲームのねらい

　教科書は，使い方次第で様々な活動に利用できます。特に小学校外国語活動の教科書は文字がほとんどなく，絵や写真が多用されています。そこで，教科書の絵や写真を有効活用して，こんな活動にしてみました。

❖手順

1 "Please listen to me carefully." 「先生の言うことをよーく聞いてね。」

　英語の時間に使っている教科書，または他の教科の教科書でもいいので，全員同じ教科書を使います。
　先生が教科書のあるページについて英語で説明します。よく聞いて，どのページのことか探します。

2 "I can see a boy and a girl." 「男の子と，女の子がいます。」

　先生は，子どもたちが学習した表現を使い，できるだけ簡潔な英語で短く言います。
　また，どれにも当てはまりそうな大まかな部分から言っていくのがコツです。

3 子ども："Do you see page 22?"「22ページですか？」　先生："Sorry, No!"

　答えがわかった子どもは，上のように言います。先生は，正解でなければ，どんどん次のヒントを出していきます。
　正解が出たら"Good job!"と子どもたちをほめてあげましょう。
　この活動は，はじめは個人で行うよりもグループで協力して行った方が効果的なようです。
　個人で行うと，集中できずに聞き流してしまう子どもも，グループで協力して行うと意欲的に取り組みます。

4 その他の応用

　正解がわかった子ども（またはグループ）は先生にこっそり耳打ちするようにしてはどうでしょう。先生はその場で正解かどうか告げます。
　他の人やグループがどんどん正解していくと焦りが出てきてゲームが盛り上がります。

♥人間関係作りのポイント

　クラスや子どもの実態によって，競争させると焦ってしまい，かえって集中できない場合もあります。そんなときは，先にわかった子どもが「もうちょっと前のページ」とかヒントをあげる役目になってもいいですね。

 **あまのじゃく道案内**

★英語表現　道案内
★人数：大人数　★学年：中学年以上　★時間：10分　★準備物：なし

ゲームのねらい

このゲームは，先生の指示通り動いたり，先生の指示とは反対のことをしたりする「あまのじゃく」なゲームです。口で言うことと身体を動かすことが違うと，頭の中が混乱して単純なこともできなくなります。

♣手順

1「言うこと一緒，やること一緒！」"Go straight. Turn right〔left〕. Stop."

最初，先生が「言うこと一緒，やること一緒！」と言います。
子どもたちは，先生が言う英語をそのまま繰り返し（言うこと一緒）その指示通り動きます。（やること一緒）

2「言うこと一緒，やること逆！」"Go straight. Turn right〔left〕. Stop."

次に，先生が「言うこと一緒，やること逆！」と言います。
子どもたちは，先生が言う英語をそのまま繰り返し（言うこと一緒）指示とは反対に動きます。（やること逆）Go straight. の反対は Stop.

3「言うこと逆，やること一緒！」"Go straight. Turn right〔left〕. Stop."

今度は，先生が「言うこと逆，やること一緒！」と言います。
子どもたちは，先生が言った英語と逆のことを言います。
例えば，先生が "Turn right." と言ったら，

子どもは"Turn left."と言います。
　しかし,「やること一緒」なので,先生が"Turn right."と言ったら,子どもたちは右を向きます。

4 「言うこと逆,やること逆！」"Go straight. Turn right〔left〕. Stop."

　最後に,先生が「言うこと逆,やること逆！」と言います。
　子どもたちは,先生が言った英語と逆のことを言い,行動も逆のことをします。
　先生が"Turn right."と言ったら,
　子どもは"Turn left."と言います。
　そして,左を向きます。

♥人間関係作りのポイント

　人間は,頭で考えたことを,ことばにして表しています。つまり,思考と言語は切り離すことができないものなのです。この「あまのじゃく道案内」をすると,思考が言語といかに強く結びついているかわかります。

12 だまされちゃ，だめよ～！

★英語表現　身体の部分の語彙
★人数：大人数　★学年：全学年　★時間：10分　★準備物：なし

ゲームのねらい

身体の部分の言い方を覚えるのに，Simon Says など，いろいろなゲームが使われます。このゲームも，みんなで一緒に身体を動かしながら，身体の一部を表す英語（Body Parts）を覚えるのに適しています。

✤手順

1 "Please touch your nose."「わからない人は先生を見ながらやってね。」

先生は，みんなの前に立って，上のように指示します。この活動をするとき，先生は，指示を出して，ほんの数秒遅れて動き出します。子どもたちが先生の動きを見てから動くことのないようにしましょう。

2 "Please touch your mouth."「今度は，先生はやりませんよ。」

子どもたちが，身体の部分の聞き取りにある程度慣れてきたら，今度は，先生は動作をしません。

子どもたちは，先生の言う英語だけ聞いて反応するようにします。子どもが動いたあとに正解を示します。

3 「ここからが難しいよ！　できるかな？」"Please touch your ears."

さらに難しくなります。今度は，先生は上のように英語を言ったあと，英語の指示とは違う動きをします。

例えば，先生が「耳を触って」と言いながら，実際は鼻を触ります。子どもたちは，先生の動きにだまされないようにことばだけによく注意して聞かねばなりません。

4 "Please face each other."「ペアになって向かい合って！」

　ペアになり，一人は先生が言った通りの動きをします。もう一人は，先生が言う動きとは違う動きをしなければなりません。

　相手の動きにつられてしまったり，先生の言った動きと違う動きをするはずが，先生の言った通りに動いてしまったりと，ミスが続出します。

♥人間関係作りのポイント

　間違いを許し合える関係ってすてきです。ちょっとした間違いは誰にでもあります。そんな間違いを「ドンマイ！」って笑って励まし合えるような関係になれば，クラスも随分と居心地がよい場所になりますね。

Chapter2　子ども同士のコミュニケーションが深まるゲーム

13　セブン・イレブンじゃんけん

★英語表現　Rock, scissors, paper. One, two, three.
★人数：2人〜数人　★学年：中学年以上　★時間：10分　★準備物：なし

ゲームのねらい

じゃんけんゲームに，指の数の合計数が7や11になるような「偶然性」を取り入れたゲームです。友達がどんな数字を出すのか心を読み合います。

◆手順

1 "Let's play seven - eleven janken game." と言ってスタートします。

最初は，先生対子どもたち全員で行います。「先生とじゃんけんをします。」
"You can use 0 (rock), 1, 2 (scissors), 3, 4, 5 (paper) for janken."「使えるのは0〜5の指だけです。いいですか？」と日本語で確認を入れてもいいでしょう。

2 "Rock, scissors, paper. One, two, three." とじゃんけんをします。

「先生の指とみんなの指の合計が7になったらハイタッチ，ならなかったら，"Sorry. Bye!" です。」と例を挙げて説明します。まず隣の子とペアで練習を行い，次にクラス全体でペアを次々と変えて行います。

3 "This time, let's play janken with 3 friends."「今度は3人で行います。」

同じ要領で，今度は3人，または数人で行い，指の合計が11になるようにやってみましょう。

34

"Any volunteer?" と尋ね，３人の代表児童を前に出します。そして，空中に高く腕をあげて，みんなに見えるようにじゃんけんをさせます。一人一人の指の数を合計して，みんなで一緒に英語で数えます。

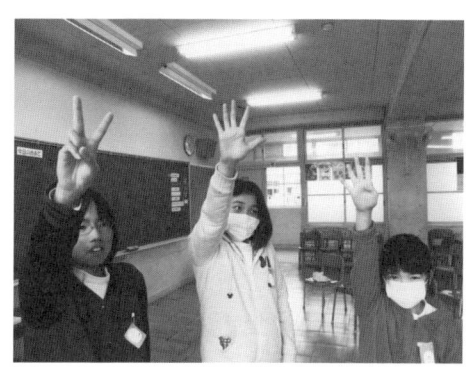

4「セブン・イレブンの振り返りをしましょう。」

　ゲームそのものは単純なものですが，みんなで振り返ってそのときの気持ちを「共有化」することが大切です。
　「友達の心を読んで，７になったときは，とてもうれしかった。」「11にするのは，なかなか難しくてできなかった。」などの意見が出ます。
　このようなゲームをやっていると，なかなか，ペアや３人組になれずに，戸惑っている子どもがいます。そんなときは，先生からこんな問いを出してみてはどうでしょう。「ゲームをやっているとき，なかなかペアになれず，困っていた人がいるんだけど，どうしたらいいか，話し合ってみてごらん。」

♥ 人間関係作りのポイント

　人間関係作りの活動では，ゲームそのものよりも，そのあとの振り返り活動が重要な意味を持ちます。「困っている友達に声をかけてあげよう。」などの意見が出てきたら，活動としては大成功です。

14 ユビスマ

★英語表現　one two three four five … 数
★人数：2人～数人　★学年：中学年以上　★時間：10分　★準備物：なし

ゲームのねらい

子どもたちがふだん遊んでいるゲームを一ひねりすると，立派な英語のゲームになります。ここでは，「指スマ」という遊びを英語にしました。

✤手順

1 *"Let's play Yubisuma game!"* と言ってペアを作ります。

子どもたちに人気の，「指スマ」を英語で行います。ルールがわからなければ，代表のペアに見本を見せてもらいます。

基本は，「指スマ two!」のように言いながら，写真のように両手の親指のどれかを立てます。

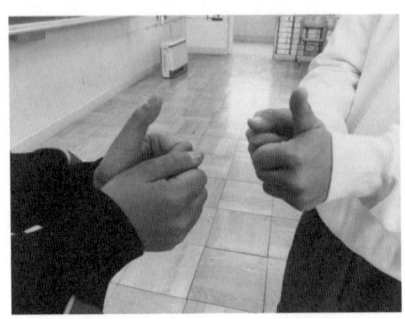

2 *"Please make pairs."* 「2人組になります。」

言った数と，出した指の数が同じなら，その人は右手を引っ込めることが

できます。これを続け，早く両方の手を引っ込めることができた人の勝ちです。リズムよく，英語もきちんと発音するように注意します。

3 "This time, please make groups of 4."「4人グループになります。」

今度は，子どもが4人いますから，指の数は最大で8本です。人数が多くなってもゲームは可能ですが，全員がリズムよく繰り返すことが重要です。

英語での数の言い方にしっかり慣れ親しんでおくのと同時に，できれば，英語で学習する以前にクラスのレクリエーションなどで，日本語で行っておけば，スムーズに進行できます。

4 応用編

このゲームを，じゃんけんと同じように，5本の指を使ってやってみましょう。はじめは2人のペアです。

最大の数は10です。どちらかが，数を当てたら，ゲーム終了です。

次に，両方の手を使い，10本の指でやってみましょう。今度は，最大合計数が20になりますから，eleven から twenty まで，しっかり数の言い方を練習してから行います。

今度は，数を当てた人が，片方の手を引き，ゲームを続けます。この他にもゲームのやり方を子どもに話し合わせ，工夫してみてください。

♥人間関係作りのポイント

子どもたちは，本来，「遊びの天才」です。テレビなどで流行ったゲームをすぐまねして楽しむことができます。ルールも，子どもたちに話し合わせることで，創造性や協調心が養われるのです。

15 Say 21!

★英語表現　数字
★人数：大人数　★学年：中学年以上　★時間：5分　★準備物：なし

ゲームのねらい

単に数字を順番に言っていくだけのゲームですが，他のグループの言った数字を覚えておくなど，みんなが協力しなければできません。このように，みんなで一緒に協力して行う活動も，子どもたちは大好きです。

♣手順

1 "Let's play 'Say 21' game!"「21って言ったら勝ちよゲーム！」

　先生は，黒板に1〜21までの数字を書きます。そして，"One, four, ten."と言いながら1，4，10の数字の上に×を書きます。ジェスチャーや英語で，子どもたちに3つの数字を言うように指示します。

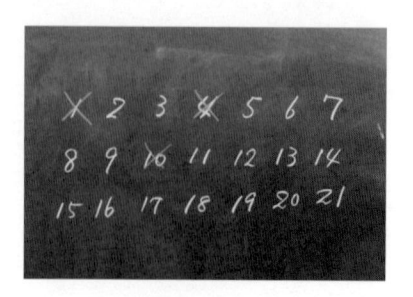

2 "You are in team A. You are in team B."「こちらはA，こちらはB」

　クラスを大きく2つのチームに分けて，チーム対抗戦で行います。ルールを理解するまでは，クラス全体を2つに分けて行います。しかし，全員がル

ールを理解したら，1班対2班というように班対抗でもできます。

3 "Please do janken." "Team A goes first."

じゃんけんで先攻か後攻かを決めます。Aチームが先攻の例で示します。
Team A "One, four, seven."
Team B "Two, five, nine."
のように，相手の数字に重ならないように20までの数字を言っていきます。

何回目かでBチームが3，4，13と言ったら，教師は手で大きく×のサインを示し，4を指さして，ジェスチャーや英語で重なったことを示します。

このように，実際にゲームをやりながら，ルールを説明すると，少ない指示でわかりやすくゲームのルールを説明することができます。

4 ルールの再確認

① 一度に1〜20までの英語を班で3つずつ言います。（21はとっておく）
② すでに自分たちの班や，他の班が言った同じ数字を重ねて言ってはいけません。
③ メモをとってはいけません。
④ 最後に21を言った班の勝ちです。

♥人間関係作りのポイント

英語でのゲームの説明は，できるだけ簡単に行います。上の例のように，実際にやりながら説明するのもよいでしょう。また，学級活動などで，事前に一度，日本語でやっておくと，英語の説明が簡単になります。

16 We Are the Same!

★英語表現　基本表現（しっかり聞く練習）
★人数：2人以上　★学年：全学年　★時間：10分　★準備物：絵カード

ゲームのねらい

　たまたま人と同じ意見になると，心がほんわか温かくなることはありませんか？　これは心理学でも「同調効果」と言われるもので，誰かと同じだと安心感を感じる効果を人間関係作りのゲームに応用したものです。

♣手順

1 "Let's make pairs. Please stand up back to back."

　ペアになり，背中合わせに立ちます。クラスの成熟度にもよりますが，できるだけ，背中がぴったりとくっ付くように立つと，リレーションが深まります。子どもが抵抗感を示す場合は，はじめは離れて立ってもいいです。

2 "Which do you like better, apples or peaches?"

2種類の絵カードなどを提示し，どちらが好きか？尋ねます。完全な英文で言うのが難しい場合は，Apples, or peaches? と簡単に聞いてもよいです。子どもに練習させたい基本表現により英文や語彙を変えましょう。

3 "Are you ready? One, two."

すべての子どもが答える用意ができたら，先生が上のように，答えを言うタイミングを合図します。

子どもは，先生の合図に合わせピョンと飛んで向かい合いながら答えを"I like peaches."のように2人同時に答えます。

4 "Yeah!" "Sorry, bye!"

2人の答えが同じなら"Yeah!"と言ってハイタッチをします。答えが違っていれば，"Sorry, bye!"と英語で言って別れ，別の友達とペアになり次のゲームを続けます。3人以上で行うときは，全員が答えが一緒になったらハイタッチします。

ゲームのあとは振り返りをします。

「答えが友達と一緒になってうれしかった。」などの声が聞かれたらいいですね。

♥人間関係作りのポイント

背中をくっ付けること。簡単そうで，人間関係ができていないと，なかなかできません。逆に，できるようになると，お互いに背中で会話ができるくらい温かい気持ちが伝わるようになるから不思議です。

17 究極の選択ゲーム

★英語表現　I like ～. など　★人数：2人
★学年：中学年以上　★時間：10分　★準備物：ワークシート，ストップウォッチ

ゲームのねらい

リストに挙げられた2つのもののうち，瞬時に一つを選び答えるゲームです。二者選択を迫られたとき，自分は迷い戸惑うタイプなのか？，それとも，さっさと決めるタイプなのか？，隣のお友達はどうか？がわかるゲームです。

手順

1 "Here you are." "Thank you."

　先生は，ワークシートを配布します。ワークシートを配布するときも，相手の顔を見て，英語で"Here you are."と言いながら渡し，受け取るときに"Thank you."って笑顔で言えるようなクラスになるとすてきですね。

2 "Let's make pairs."

　ペアを作り，一人はワークシートにある項目を順番に読み上げます。そして，相手の答えをよく聞いてあげてください。コメントや批判を言ってはいけません。

　例) 犬とネコ

究極の選択ゲーム

年　組　番　名前（　　　　　　　）

＊どちらか一つを選び英語で言い，理由を日本語で言いましょう。

例）犬　・　ネコ　I like dogs. (理由：なぜなら，番犬になるからです。)

1　リンゴ　・　ミカン　　（理由：　　　　）
2　イチゴ　・　サクランボ　（理由：　　　　）
3　レモン　・　キウイ　　（理由：　　　　）
4　バナナ　・　モモ　　　（理由：　　　　）
5　メロン　・　ブドウ　　（理由：　　　　）
6　アイスクリーム　・　ケーキ　（理由：　　　　）
7　ミルク　・　ジュース　（理由：　　　　）
8　鳥　・　ウサギ　　　　（理由：　　　　）
9　クモ　・　チョウチョ　（理由：　　　　）
10　野球　・　水泳　　　　（理由：　　　　）
11　バスケ　・　サッカー　（理由：　　　　）
12　バレー　・　卓球　　　（理由：　　　　）
13　赤　・　青　　　　　　（理由：　　　　）
14　白　・　黒　　　　　　（理由：　　　　）
15　黄　・　緑　　　　　　（理由：　　　　）

＊＊ゲームをやってみて思ったことや感想をペアでふり返りましょう。

3 "Let's answer in English & Japanese."

先生が言い方の例を見せます。表にある2つのものの中から一つを選んで"I like 〜ï"と答え，日本語で簡単に理由を付け加えます。迷わず，次々とテンポよく答えます。

例）I like dogs. なぜなら，番犬になるからです。

4 "You answer, first. Are you ready?"

ペアのうち，どちらが先に答えるか指示します。子どもたちにじゃんけんで決めさせてもよいです。

先生は，ストップウォッチで時間を計り，1分経ったら役割を交代するように指示します。

最初は，理由を考えるのに苦労する子どもがいるので，始める前に先生が例を示してあげるとよいでしょう。また，どうしても思いつかないときはパスも認めることにします。

♥人間関係作りのポイント

「人生は選択の連続」と言われます。単なるゲームではありますが，瞬間的に次から次へと選択を繰り返すことで，知らず知らずのうちに，自己選択や自己開示の練習を行っているのです。

18 目は口ほどに

★英語表現　Are you sad?
★人数：2人　★学年：全学年　★時間：10分　★準備物：ノートなど

ゲームのねらい

「目は口ほどに…」と言われますが，目の表情だけで，どれくらい相手に感情表現が伝わるのか，ゲームで確かめてみます。日常の，ちょっとした視線が，相手にどんな影響を与えるのか知ることができます。

♣手順

1 "Let's make pairs." A："Are you happy?" B："Yes, I'm happy."

ペアを作り，一人が顔の表情だけで sad, happy, angry, hungry, fine などの気持ちを表現します。相手は "Are you happy?" などと尋ねます。正解なら "Yes, I'm happy." と言い，違っていれば正解を教え，役割を交代します。

2 "Please cover your face like this."

まず，先生がノートや下敷きなど，身近にあるもので，顔の鼻から下を覆い，目だけ出して見せます。そして，子どもたちに向かって目だけで表情を作ります。子どもに "Are you 〜?" と質問させ表情を当てさせます。

3 "Please face each other, and do janken."

　向かい合わせになり，ペアとじゃんけんをします。勝った人が先に尋ねます。負けた人は，ノートなどで顔を覆い，目だけで表情を作ります。
　3回まで質問して，当たらなかったら正解を言うなど，ルールを決めておくといいでしょう。終わったら役割を交代します。

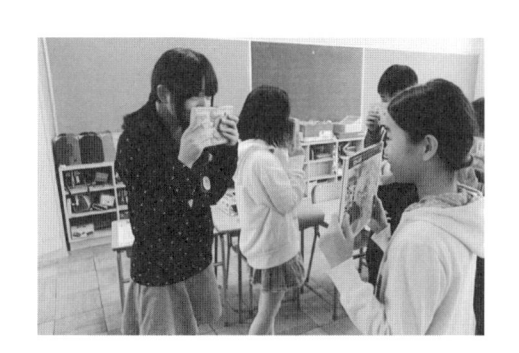

4 "Please find new partners."

　1回戦が終わったら，ペアを変えて2回戦を行います。このとき，サッと新しい友達とペアリングできるかで子どもたちの人間関係が想像できます。
　まだクラスが打ち解けない時期なら，ペアのうち，一人は座らせておいて，もう一人だけ動かすようにすると，少し早くペアリングができるようです。
　数回行ったあとに，ゲームをしてみて，どんな気持ちになったか，振り返ります。

♥人間関係作りのポイント

　英語の時間に，よく「アイコンタクトをしましょう。」と言われますが，このゲームは自然にアイコンタクトができ，また，アイコンタクトの意味を自然に体感することができます。まさに，目は口ほどに…です。

19 伝染るんです！

★英語表現　I'm happy. など
★人数：大人数　★学年：中学年以上　★時間：10分　★準備物：なし

ゲームのねらい

病気があっという間に広がっていくのは恐ろしいことですが，このゲームは，人の気分が次々に人に伝染していく面白いものです。みんなが幸せになるか，悲しい気分になるか，すべては，じゃんけんと時の運次第です。

♣手順

1 "I'm happy."「幸せなときはどんなジェスチャーがいいかな？」

　sad, happy, angry, hungry, fine などの気持ちを，それぞれどんなジェスチャーで表すとよいか，子どもたちと相談して決めます。意見がなかなか出ないときは，はじめは先生が決めてあげてもよいでしょう。

2 「自分の気持ちを一つ決めて英語で言い，ジェスチャーをやってみよう。」

　自分の気持ちが決まったら，できるだけ大きな動作で英語を言いながらジェスチャーするよう，全員で練習します。派手なジェスチャーをした子どもをほめると，他の子どもたちも元気よくやります。

3 「自分と違うジェスチャーの人を見つけて英語でじゃんけんをします。」

　自分と違うジェスチャーの子どもを見つけて，英語でじゃんけんをします。
　じゃんけんに勝った子どもは，自分のジェスチャーのまま，他の子どもを見つけ会話を続けます。

じゃんけんに負けた子どもは，相手の気分が伝染するため，相手の気分と同じジェスチャーになってゲームを続けます。このように，次々と気分が伝染していく様子が面白いゲームです。

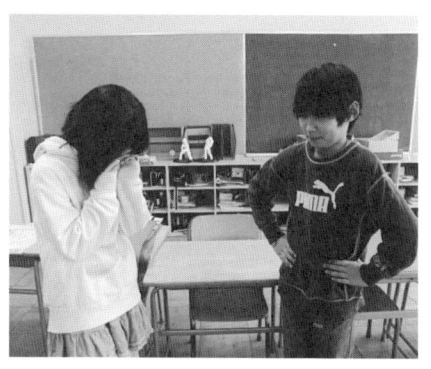

sad　　　　angry　　　　　angry　　　　angry

4 "Please sit down." "Let's talk furikaeri with your partner."

　ゲームを続けているとジェスチャーすることに気をとられ，英語を話すのを忘れてしまう子どもがいます。
　反対に，ジェスチャーの動作がとても小さくなってしまうことがあります。そこで，ゲームの途中で振り返り活動を行います。
　ペアで，このゲームのどんなところがよくできていたか，誰のジェスチャーや会話がよくできていたか，それはどんな点か？をできるだけ具体的に話し合わせます。

♥人間関係作りのポイント

　ゲーム後の先生のコメントが大切です。ほとんどの人がhappyになればいいのですが，逆に，ほとんどがsadだったりしたら，「クラスの共感度はすごいね！　みんなで悲しみを共有したね！」と笑顔で終わりましょう！

20 やわらかハート送り

★英語表現　How are you?　I'm happy. など
★人数：大人数　★学年：全学年　★時間：5分　★準備物：なし

ゲームのねらい

ことばも心も目には見えませんが，そこに確実に存在するものです。このゲームで，相手にことばをていねいに運び，心をていねいに伝えることができたら，クラスの雰囲気はとてもよいものになるでしょう。

✤手順

1 「見えないハートを送ります。受け取ってね。」 "Sakura, how are you?"

　全員が輪になって立ちます。まず，先生が，クラスの子どもの，Sakura さんの名前を呼んで，英語で上のように言います。そして，力一杯，強いボールを投げつけるようなしぐさで，見えないハートを投げます。

2 「どんな気持ちがしましたか？」

　見えないハートを投げられた，Sakura さんや，それを見ていた他の子どもたちに，どんな気持ちがしたかを尋ねます。「突然投げられて怖かった。」「もっとやさしく投げて欲しい。」などの意見をシェアします。

3 「じゃあ，これはどうかな？」 "Taro, how are you?"

　今度は，Taro さんの名前を呼んで，何か大切な，こわれやすいものを渡すように，ていねいに見えないハートを送ります。そのあと「どんな気持ちがしましたか？」と投げかけます。

Taroさんや，他の子どもたちと話し合います。子どもたちから「やさしい渡し方の方が安心する。」「温かい気持ちになる。」等の意見が出るといいです。

4 「じゃあ，今度は全員，気持ちのいい送り方でやってみよう。」

先生は上のように言い，やわらかくてこわれやすいものを扱う気持ちでハートを送るよう指示します。

ハートを送られた子どもは，自分の気持ちを英語で"I'm fine, thank you."のように言って，どんどん次の人に，やわらかハートを送ります。

慣れてきたら，やわらかハートを2つ，3つと増やしても面白いです。

♥人間関係作りのポイント

クラスの中の人間関係がギスギスして何か変だな？とか，子どもたちのことばが荒れているな？と感じたときに，このゲームは有効です。ことばも心も，温かい雰囲気で大切に使えるクラスにしたいものです。

21 Pointing Game ①

★英語表現　各種基本語彙
★人数：1，2人　★学年：全学年　★時間：10分　★準備物：Hi, friends!

ゲームのねらい

　外国語活動でよく使われる「指さしゲーム」です。先生が言った英語をよく聞いて，正しい絵などを指さすという単純な活動です。この活動に，少しアレンジを加えて，人間関係作りの要素を入れてみました。

♣手順

1 "Please open your textbooks to page ○○ ."「○○ページを開いて。」

　ここでは，"Hi, friends!" などのテキストを使用する場合について書きますが，他の絵本や，他教科の教科書など，様々な教材で活動することができます。全員が同じテキストを使った方が進めやすいです。

2 "Please point to the △△ !"「△△を指さして！」

　指さしさせたいものを，上のように言います。子どもたちは，先生が言ったものを探し，見つけたら，それを指さしながら，元気よくそのものを表す英語を言います。

3 "This is a race!"「次は，2人で1冊使いましょう！」

　次は，ペアで1冊のテキストを使います。あれこれ説明しなくても race という一言で，子どもたちは「あっ，早い者勝ちのゲームだな。」とすぐに理解できるでしょう。

英語の指示を聞くときは，両手を頭の上にのせておくとか，指をさしたときに，必ず英語を言わなければならないなどの詳しいルールを子どもたちと決めながら進めましょう。

4 「今度は，2人で全く同時に，同じものを指さしましょう。」

　次は，2人が全く同時に，同じ絵を指さします。とっても簡単そうに感じられますが，やってみると意外に難しい活動です。
　ペアで息を合わせ，指先を見つめながら絵を指さしている姿は，見ていて心がほんわかと温かくなります。

♥人間関係作りのポイント
　早い者勝ちのゲームでは，いつも勝者は同じ子になり，他の子どもは楽しくありません。4の方法は，互いに相手の動きを観察し，ペアで協力することで，共にワクワク・ドキドキと学ぶ楽しさが味わえます。

22 ブラインド・ウォーク

★英語表現　道案内
★人数：2人　★学年：中学年以上　★時間：10分　★準備物：特になし

ゲームのねらい

構成的グループエンカウンターのエクササイズで，ブラインド・ウォークというものがあります。目隠しをした状態で補助者に付き添われて歩き，自己開示や他者依存の練習をするものです。それを英語で行ってみましょう。

✤手順

1 "Please make pairs."「ペアになってください。」

この活動は体育館など広い場所で行いましょう。やむを得ず教室などで行う場合，1回に行う人数を制限するとか，机や椅子を外に出すなど，安全面に十分配慮して行いましょう。

2【インストラクション1】ブラインド・ウォークの意義を説明します。

この活動は「自分は，どれくらい人を頼ることができるのか，人を頼らさせてあげることができるのか」を発見する活動です。人に頼ることがよくないとか，頼らせてあげられないから冷たい人間だという意味ではないことを説明します。

3【インストラクション2】ブラインド・ウォークの方法を説明します。

案内役の子どもは，相手にどんな方法で案内して欲しいか尋ねます。肩に手を置くとか，手を引いて歩くとか相手が一番安心する方法にします。

全員の準備ができたら，歩く子どもは目をつぶり，指定した方法で道案内してもらいます。案内役は周囲の安全に注意し，ぶつからないように，"Go straight.""Turn right〔left〕.""Stop."というように誘導します。

4 【シェアリング】振り返り

　案内されてどんな気持ちだったか？，案内してみて，どんなことに気づいたか？を話し合わせます。その後，数人の子どもに意見を発表してもらいます。

　「目を閉じて歩くのは，とっても不安だった。」「やさしく支えてくれたので，安心して歩けた。」など，本音の意見が聞けるといいですね。

♥人間関係作りのポイント

　構成的グループエンカウンターでは，活動前にインストラクションを行い，活動の意義や目的を説明し安心させます。また，活動後に振り返りをし，意見をシェアリングすることで自己理解・自己開示を促します。

23 気分は何色？

★英語表現　色
★人数：大人数　★学年：中学年以上　★時間：10分　★準備物：色のカード

ゲームのねらい

このゲームも構成的グループエンカウンターの手法を応用しました。子どもたちに，どんな色が好きか尋ね，同じ色が好きな人同士が集まり，その理由を話し合うことで，自己理解・他者理解を深めるというものです。

❖手順

1 "What color do you like?" "I like blue."「何色が好きですか？」「青が好き。」

色に関する表現を，復習してから行います。子どもに好きな色を聞いたあと，なぜその色が好きなのか，理由を尋ねます。「青は侍ブルーの色だから。」などという答えが出るといいです。

```
T : This is my new T shirt. I like red.
    What color do you like, Taro?
C : I like blue.
T : Why blue? 「どうしてですか？」
C : 侍ブルーの色だから。
T : Oh, you like soccer, so you like blue. Good!
```

2 "What color do you like today?"「今日は，何色が好きですか？」

あらかじめ教室の壁に色のカードを貼っておきます。先生が"What

color do you like today?"と尋ねます。子どもたちは，その日の気分によって"I like blue."等と言いながらカードの所に集まります。

3 「どうしてその色が好きなのかな？ 理由を話し合いましょう。」

　同じ色の人同士，ペアになり，なぜ，その色が好きなのか，理由を話し合います。
　そのあと，いくつかのペアから，話し合った意見を紹介（シェア）してもらいます。
　友達と同じ意見であれば，気持ちが合った「一体感」を感じるかも知れません。
　また，違う意見であれば，「同じ色が好きでも，様々な理由がある」という考えの多様性に気づくでしょう。

4 応用編

　テーマは色以外でも，食べ物，動物，形，教科，スポーツ，行ってみたい国など様々なものが考えられます。
　この活動を通し，人にはいろいろな考え方があり「みんな違って，みんないい」ということを学べるでしょう。

♥人間関係作りのポイント

　理由を考えるとき，なかなか自分の考えを言えない子どもがいることが予想されます。しかし，そんなときでも焦らないことです。「パス」でも「何となく」でもいいので，意見を持てたことをほめてあげましょう。

24 世界の国からこんにちは！①

★英語表現　世界のあいさつ
★人数：大人数　★学年：中学年以上　★時間：10分　★準備物：なし

ゲームのねらい

世界のあいさつには，それぞれ特有の動作があります。例えば，日本であれば「こんにちは」と言いながら，軽く会釈する文化があります。あいさつだけでなく，動きも一緒に覚えると多文化理解につながります。

❖手順

1「みんなは『こんにちは！』って言うとき，どんな動作をしますか？」

世界のあいさつの言い方を復習しながら，それぞれの国のあいさつに特有のジェスチャーや動きを考えます。英語圏であれば，"Hi!"と言いながら微笑むなど，自分たちで考えてもよいでしょう。

2「今，練習したジェスチャーを付けて，友達と世界のあいさつをします。」

先生が「ボンジュール」と言ったら，子どもたちは，近くにいる人と「ボンジュール」とジェスチャー付きで，あいさつをします。他にもいろいろな国のあいさつをいくつも繰り返し人を変えて行います。

T：じゃあ，先生が言ったあいさつをジェスチャー付きでやってくださいね。
C：え〜っ，誰とあいさつするの？
T：近くのいろいろな友達とやってみましょう。「ナマステ」
C：「ナマステ」（両手を胸の前で合わせて）

3「ここまでに，誰と，どんなあいさつをしたのか思い出してね。」

　例えば，先生が「ボンジュール」と言ったら，子どもたちは「ボンジュール」とあいさつをした友達を思い出し，その友達を捜してもう一度同じあいさつをします。
　以降同じように，先生が言ったあいさつをした友達を思い出し，その国のあいさつをどんどん行います。

4「この活動をして，どんなことを感じましたか？」

　ここまでの活動をペアで振り返ります。はじめにあいさつをした友達を覚えていなかった子どもは，「ちゃんと友達を見てあいさつすることが大切だと思いました。」と言います。
　また，世界のあいさつのしかたについて振り返った子どもは「あいさつのジェスチャーが国によって違うのが面白かった。」などと言うでしょう。

♥ 人間関係作りのポイント

　世界のあいさつには，ハグなど身体接触を伴うものがあります。人間関係の成熟度によって，無理のない範囲で行いましょう。また，ステレオタイプな文化理解にならないよう十分に注意して行いましょう。

25 名前回し ① 基本

★英語表現　自己紹介
★人数：大人数　★学年：全学年　★時間：10分　★準備物：フラフープ，ボール

ゲームのねらい

　外国語活動の授業だけでなく，あいさつや自己紹介は，初めて出会った人たちと円滑な人間関係を築くために大変重要です。この活動は，外国語活動に限らず，4月の学級開きなどで行うと楽しく自己紹介ができます。

✜手順

1 "Please make a big circle, and sit down."「輪になって座りましょう。」

　全員で輪を作ります。教室で行う場合には，机を片付けて，中央に広いスペースを作ります。
　最初は，先生が中央のフラフープの中に座り，子どもたちも輪の中央に向かって座ります。

2 "Hi, my name is Sato. Nice to meet you."

　まず，先生（Satoさん）はボールを一つ持ちます。そして，座っている子どもの近くに移動し，Taroくんに英語で自己紹介をします。自己紹介をしたあと，先生は持っていたボールをTaroくんに渡します。

3 "Hi, my name is Taro. Nice to meet you, too."「太郎です。よろしく。」

　Taro くんは，先生からボールを受け取ると，先生に上のように自己紹介をします。そして，先生と握手をしたあと，輪の中心にあるフラフープに戻って中に座ります。

　次に Taro くんは座っている友達の方に向かって歩き出し，Emi さんに向かって英語で自己紹介をします。Taro くんは自己紹介をしたあと，ボールを Emi さんに渡します。以下は，同じです。

4 応用編

　慣れてきたら，ボールの数を増やし，あいさつをする人を増やしても面白いです。また，世界のあいさつの学習をしたあとなら，いろいろな国のあいさつで行いましょう。例えば，赤いボールは英語，黄色いボールはフランス語，青は韓国語などです。

♥人間関係作りのポイント

　この活動の目的は，キャッチボールをするようにボールをリレーすることにより，きちんとていねいに自己紹介をすることです。慌てて乱雑な自己紹介にならないよう，よい自己紹介をしている子どもをほめます。

26 名前回し② 応用

★英語表現　自己紹介
★人数：大人数　★学年：全学年　★時間：10分　★準備物：フラフープ，ボール

ゲームのねらい

「**25　名前回し①　基本**」（p.58参照）は，主に学期初めで，お互いの名前がまだしっかり覚えられていない状態のときに使います。この名前回し②は，名前がだいたい覚えられた頃に使うと，さらに仲間同士の関係が深まります。

✤手順

1 *"Please make a big circle."* 「大きな輪を作りましょう。」

全員で輪を作ります。このゲームはボールを投げたり，受け取ったりするので，立って行います。

最初は，先生が中央のフラフープの中に立ち，子どもたちも輪の中央に向かって立ちます。

2 *"Hi, Keiko.（ボールを投げる）My name is Ken. Nice to meet you."*

先生（Ken さん）は，一人の子ども（Keiko さん）の近くに移動し，その子の名前を呼び，持っていたボールをやさしく投げて渡します。そのあと，上のように英語で自己紹介をします。

3 "Hi, Ken. Nice to meet you, too."

　Keikoさんは，先生からボールを受け取り，上のようにあいさつをします。そして，先生と握手をしたあと，輪の中心にあるフラフープの中に戻ります。
　そのあと，Keikoさんは別の子どもの所に行き，先生がしたように自己紹介をします。以下は，同じです。

4 応用編

　慣れてきたら，ボールの数を増やし自己紹介をする人を増やしても面白いです。あちこちで，にぎやかな自己紹介が展開され，教室内が楽しい雰囲気になるでしょう。
　また，一人最低３人の異性と自己紹介をしたら座るというルールにしてもよいでしょう。ふだんあまり話したことがない友達と自己紹介をして，関わり合うチャンスが生まれます。

♥ 人間関係作りのポイント

　キャッチボールで大切なことは何でしょう？　それは，相手の胸に向かって取りやすいボールを投げることです。英語のゲームでも同じです。相手の立場に立って，受け止めやすいことばのボールを投げてあげましょう。

27 名前回し③ 発展

★英語表現　自己紹介他　★人数：大人数　★学年：中学年以上
★時間：10分　★準備物：フラフープ，赤・青・黄色のボール

ゲームのねらい

この活動は，「26　名前回し②　応用」(p.60参照)よりもさらに人間関係ができ，英語の表現も増えた頃に行います。自己紹介の表現だけでなく，様々な英語の言い方が混ざり，どの表現がくるのか，待っている人はドキドキ，ハラハラです。

♣手順

1 "Please make a big circle."「大きな輪を作りましょう。」

全員で輪を作り，立って行います。ゲームの進め方は，基本的に，「26 名前回し②　応用」と同じです。

最初は，先生が中央のフラフープの中に立ち，子どもたちも輪の中央に向かって立ちます。

2 "Hi, Keiko.（赤いボールを投げる）My name is Ken. ～"

赤いボールは自己紹介です。p.60の2の要領で，相手の名前を呼んでボールを渡したあと，"My name is Ken. Nice to meet you." のように自己紹介のやりとりを行います。相手も，自己紹介を返します。

3 "Hi, Koji.（青いボールを投げる）How are you?"

青いボールは，気持ちの言い方のやりとりを表します。相手の名前を呼ん

でボールを渡したあと，"How are you?" "I'm fine, thank you. And you?" のように，相手の体調や気分を尋ね，相手もそれに答えたあと，中央のフラフープに一旦戻り，次に質問をする人を探します。

4 "Hi, Rumi.（黄色いボールを投げる） What animals do you like?"

黄色いボールは，相手の好きな動物（食べ物）などについてのやりとりを表します。相手の名前を呼んでボールを渡したあと，"What animals do you like?" "I like pandas."のように答えたあと，中央のフラフープに戻り，次に質問をする人を捜します。

このように，三種類の異なる会話が飛び交い，ドキドキ感が満載です。

♥ 人間関係作りのポイント

突然の質問が来て，答えられない！ そんなときは，すぐ隣の人に助けを求めてよいことにしましょう。ボールを隣の人に渡して，"Taro, help me, please."と言います。隣の人が代わりに答えてくれます。

28 Up, Down, Catch! ②

★英語表現　Up. Down. Catch.
★人数：6人〜8人程度　★学年：全学年　★時間：10分　★準備物：なし

ゲームのねらい

　このゲームは「**7　Up, Down, Catch! ①**」(p.22参照) と同じリレーション作りの活動です。お互いの目と目を合わせて，アイコンタクトの楽しさを体感しましょう。恥ずかしがらずに，しっかりと相手の目を見られるようになるはずです。

♣手順

1 "Please make small circles."「グループごとに輪を作りましょう。」

　6人〜8人程度のグループで輪を作り，輪の真ん中を向いて立って行います。あまり人数が多すぎても，少なすぎてもうまくいかないので，子どもたちを適切な人数のグループに分散させてください。

2 "Up, down, catch!"

　先生が"Up."と言ったら，全員，空を見上げます。"Down."と言ったら，目線を下げて，地面を見ます。このupとdownを何度か繰り返したあと，先生が"Catch."と言ったらグループの誰かと目を合わせます。

3 「イエイ！」

catchで目を上げて見つめたとき，誰かと目線が合ったら「イエイ！」と言ってハイタッチをします。

慣れてきたら"Up, down, catch!"と言うのを子どもたちにさせてみてもよいでしょう。

また，クラスの雰囲気がいよいよよくなってきたときには，次のような活動もできます。

4 応用編

基本的には上の1～3までと同じ進め方ですが，最後のcatchで誰かと目が合ってしまったら，「キャー」と叫んで，その場に静かに座るか，床に倒れ込みます。みんなが次々に座るか倒れ込んでいき，最後まで誰が残るか，ドキドキしながら進めます。

♥人間関係作りのポイント

このゲームも人間関係作りが中心です。ふだん，なかなか人と目を合わせることが苦手な子どもも，こんな楽しいゲームを通じて，自然にアイコンタクトが，できるようになるはずです。

29 What's Missing? ①

★英語表現　各種語彙　★人数：6，7人　★学年：中学年以上
★時間：10分　★準備物：絵カード，洗濯ばさみ，ストップウォッチ

ゲームのねらい

なくなったカードを探すミッシング・ゲームの応用編です。このゲームはグループ対抗で，カードが見つかるまでの時間を競い合います。どうしたら早く見つけられるか，チームワークのよさが試されるゲームです。

手順

1 "Please make groups of 6." 「6人でグループを作り座りましょう。」

　グループ作りは，最初は，先生が指示をして作ります。慣れてくれば，自分たちで男女混在したグループになることができます。一番最初にグループができた班から順番に，教室の前に出てきてもらいます。

2 "Please look at these cards for 10 seconds." 「10秒間見てください。」

　黒板にその班の人数＋1枚の絵カードを貼り，10秒間注視させます。例えば，6人班で行うときは7枚の絵カードを貼って，全員で覚えさせます。その後，カードをすべて外します。

3 "Please turn around." 「後ろを向いてください。」

　次に，写真のようにグループ全員を1列にして，後ろを向かせます。
　一人一人の背中に，先ほどの絵カードを洗濯ばさみで止めていきます。Tシャツなどの襟に止めるとよいです。

絵カードはグループの人数より１枚多いので１枚のカードが余るはずです。このカードをグループで探します。

4 "What's missing?　Ready, go!"「１枚だけないカードを探すんだよ！」

　先生はストップウォッチを持って，余ったカードが見つかるまでの時間を計ります。先生の号令で１列になっていた子どもたちが入り乱れてカードを探し回ります。

　わかった人は手をあげて"I know."と言って答えを告げます。グループでどうしたら早く見つかるか相談しながら時間短縮を図ります。

💗人間関係作りのポイント

　はじめはどの子どもも，自分が早く見つけたいとばかりに，我先に動き回ります。しかし，次第にそれでは発見までに余計に時間がかかることに気づきます。みんなで協力することのよさを学ぶゲームです。

30 Who's Missing? ①

★英語表現　誕生日
★人数：大人数　★学年：中学年以上　★時間：10分　★準備物：なし

ゲームのねらい

　このゲームは，途中で急に誰かが教室の外に出て行ってしまい，その人が誰かを当てるゲームです。お互いの顔や名前がほぼ覚えられた頃に行うのがよいでしょう。お互いのことをよく認識し合う人間関係作りのゲームです。

❖手順

1 "When is your birthday?"「お誕生日はいつですか？」

　まず表現に慣れるために，先生が，子どもたちをアットランダムに指名し，誕生日の尋ね方と，答え方を練習します。ゲームの進行上，ここでは，"My birthday is in March."のように，日にちは省いて答えます。

> T：My birthday is in January. When is your birthday, Midori?
> C：My birthday is ... 12月.
> T：In December.
> C：My birthday is in December.
> T：Good! 今日は何月まででいいからね。

2 "Please change your seat, and sit down."「席を変えて座ります。」

　教室の場合は座席表の位置と違う所に座り直します。また，英語の部屋などで授業を行っている場合も，一旦，場所を変えて座り直させます。どこに

誰がいるか，わからないようにするためです。

3 "Please close your eyes."「目を閉じてください。」

はじめは，先生が教室の前に立ち"Please close your eyes."と言って子どもたちに目を閉じさせます。

子どもたちは，目を閉じたまま前にいる先生に，"When is your birthday?"と尋ねます。

先生は，誕生日を"My birthday is in May."のように答えます。

4 "Who are missing?"「いないのは誰〜だ？」

先生の合図で，5月生まれの子どもは，こっそり教室から出て，廊下に隠れます。そして，先生は上のように子どもに問いかけます。

いない子どもが誰かわかったら，子どもは"○○ san, please come back."のように，その子の名前を呼びます。

呼ばれた子どもは，"Thank you."と言いながら教室に戻ってきます。

♥人間関係作りのポイント

ゲームのあとで，振り返り活動をします。「外で待っていてどんな気持ちがした？」「名前を呼んでもらったら，どんな気持ちがした？」と問いかけて，仲間と一緒にいることの安心感や一体感を考えます。

31 Who's Missing? ②

★英語表現　いろいろな疑問文
★人数：大人数　★学年：中学年以上　★時間：10分　★準備物：なし

ゲームのねらい

　外国語活動では様々な疑問文が登場します。しかし，どれも1回の学習ではなかなか定着しません。スパイラルに，何度も繰り返し練習することが大切です。このゲームは復習やまとめ活動として効果的です。

♣手順

1 "What sports do you like?"「どんなスポーツが好きですか？」

　外国語活動の授業で学習した表現ではありますが，復習の意味を込めて，先生が数人の子どもたちとやりとりをして，ゲームで使う表現を練習します。子どもたちは，"I like basketball."のように答えます。

```
T : I like soccer. I like Uchida. What sports do you like?
C : I like baseball.
T : Very good. 友達に，どんなスポーツが好きか聞いてみて。
C : Do you like …?
T : みんなで，What sports do you like?
C : What sports do you like?
```

2 "Please change your seat, and sit down."「席を変えて座ります。」

　「30　Who's Missing? ①」(p.68参照) のゲーム同様に，座席の位置で，誰

70

がいなくなったのかがわかってしまうので，最初に席を変えておきましょう。子どもが移動しやすいように，席と席の間を広くとるなど工夫をするとよいでしょう。

3 "Please close your eyes."「目を閉じてください。」

ここでも先生が教室の前に立ち"Please close your eyes."と言って，子どもたちに目を閉じさせます。

子どもたちは，目を閉じたまま前にいる先生に"What sports do you like?"と尋ねます。

先生は好きなスポーツを"I like soccer."のように答えます。

4 "Who are missing?"「いないのは誰〜だ？」

先生の合図で，サッカーの好きな子どもは，こっそり教室から出て，廊下に隠れます。先生は上のように子どもに問いかけます。以下はp.69の**4**を参考にしてください。

このゲームでは他にも，"What do you want to be?" "I want to be a teacher."のように将来の夢の表現にも利用できます。

♥人間関係作りのポイント

このゲームでも振り返り活動は大切です。好きなスポーツや将来の夢が同じ子どもがいたとき「○○さんが，私と同じスポーツが好きだとは知らなかった。」などの意見が出ると，他者理解の深まりが感じられます。

32 What's the Difference?

★英語表現　服装　★人数：2人〜5人
★学年：中学年以上　★時間：10分　★準備物：ストップウォッチ

ゲームのねらい

　このゲームは，服装の一部を変えて，どこが変わったのかを当てる活動です。服装のどこが変わったかな？　恥ずかしがらずに，相手をジーッと見つめることで，お互いの自己開示や人間関係作りにつながります。

✤手順

1 "Please look at your partner."「後攻の人 "Please close your eyes."」

　お互いに相手の全身をよく見つめます。次に先攻・後攻を決めます。
　先生が指示をしたら，後攻の人は目を閉じます。先攻の人は服装の一部だけを変えます。靴下の片方を脱ぐなど簡単なものにしましょう。

2 "Please open your eyes." "What's the difference?"

　先生が"Please open your eyes."と言ったら，後攻の人は目を開けて先攻の人をじっと見つめます。先生が"What's the difference?"と言ったら"Your sock (is different)."と違っている所を言い当てます。

3 "Please make groups of 5."「5人一組を作りましょう。」

　何度か個人対抗戦をやって慣れてきたら，5人程度のグループ対抗戦で行います。

　先生は"First group, please come."と言って，最初のグループを前に立たせます。みんなは前に立っている人をよく見ます。

　先生が"Please close your eyes."と言ったら，みんなは目を閉じます。前に出たグループのうち3人だけが，服装の一部を変えます。

4 "Please open your eyes." "What's the difference?"

　先生の合図で，みんなは目を開けて違っている人を見つけます。わかった人は挙手して"○○ san, your shirt (is different)."のように言います。

　3人の違っている人が見つけられるまでの時間を計り，一番早く見つけたグループの勝ちになります。

♥人間関係作りのポイント

　私たちのふだんの生活では，あまり人をジーッと見つめることは失礼にあたるので行いません。しかし，ゲームの中で，ジーッと見つめ合うことを通じて自己開示や他者理解が進み，人間関係作りに役立ちます。

33 What's the Same?

★英語表現　服装
★人数：大人数　★学年：中学年以上　★時間：10分　★準備物：なし

ゲームのねらい

「**32** What's the Difference?」(p.72参照)のゲームでは，服装の違っている点を探しました。このゲームでは，人との共通点を探します。私たちは，何かを見るときに，その違いにはよく気づきますが，共通点については意外に見落としがちだからです。

❖手順

1 "What color is your T shirt?" "My T shirt is blue."

はじめに，色の言い方や，服装の言い方を復習するために，子どもたちの服装や，その色について先生が簡単な質問をします。難しい語彙や発音しにくい語彙などを練習しておきましょう。

T：Look. My T shirt is pink. What color is your T shirt, Miku?
C：Green.
T：Oh, your T shirt is green. What color is your T shirt, Ryo?
C：Yellow.
T：Oh, your T shirt is yellow. (だんだんセンテンスで言えるようにする)

2「先生が手をたたきます。その数の人数で集まって座ります。」

先生が「パン，パン，パン」と3つ手をたたいたら，近くにいる友達と手

をつないで3人組になり，その場に座ります。このとき，必ず一人は異性を入れるルールにするとさらに人間関係作りが進みます。

3 「今度は，服装の共通点を見つけてグループを作ります。」

2のゲームに慣れてきたら，先生は，上のように指示します。

子どもたちは「パン，パン，パン」という音を聞いたら，服装に共通点がある3人を捜してグループを作ります。

例えば，"My T shirt is blue."など，どんな理由でもいいので，英語で確認し合って，手をつないで座ります。

共通点は，服装の一部分など，ほんのわずかな部分でいいのです。

4 「共通点を英語で紹介してください。」

先生は，いくつかのグループに共通点を紹介してもらいます。

このゲームは勝敗を競うものではありません。共通点を見つけるときに，お互いのどんな点に注目したかというアイディアに注目します。子どもたちの豊かな発想をほめてあげましょう。

♥人間関係作りのポイント

多文化理解で大切なのは，他の文化との共通点を見つけ，どうしたらお互いのことをよく理解し合えるかを考えることです。人間関係も同じです。人と同じ点に目をつけると，仲良くなれる秘訣が見つかるでしょう。

34 変形ステレオゲーム

★英語表現　各種語彙
★人数：5，6人　★学年：全学年　★時間：10分　★準備物：写真，地図

ゲームのねらい

このステレオゲームは「聖徳太子ゲーム」として外国語活動でよく使われています。何人かの子どもが一斉に英語を言って，誰が何を言ったかを当てるゲームです。これに人間関係作りの要素を加えてみました。

♣手順

1 "Where do you want to go?" "I want to go to Brazil."

このゲームはいろいろな語彙や表現の練習や復習に使えます。ここでは「どこの国に行きたいですか？」という表現の復習として紹介します。先生が数人の子どもとやりとりしながら表現を復習します。

T：I like soccer. I like Tacos. （2枚の写真を見せながら）
　　I want to go to Brazil. Where do you want to go?
C：....
T：Do you want to go to America? Do you want to go to UK?（地図を示して）
C：America.
T：Good. You want to go to America.（だんだんセンテンスで言えるようにする）

2 "Group 1, please come here."「1班の人，前に来てください。」

このゲームは班ごとに行います。1班を例に，やり方を説明します。Aさんは目を閉じて立ちます。残りの人はAさんを取り囲むように，扇形に1.5メートルぐらい離れて立ちます。

3 A : "Where do you want to go?"　他 : "I want to go to 〜."

　Aさんは他のメンバーに対し，上のように問います。他のメンバーは，4人で息をそろえて"I want to go to 〜."と自分の行きたい国を普通の大きさの声で言います。

　Aさんは目を開けて，メンバーの声の質や方向から判断し，メンバーがそれぞれどこに行きたいかを当てます。

4 "A san, please turn around."「Aさん，後ろを向いてください。」

　2回目は，Aさんはみんなに背を向けて後ろ向きに立ち目を閉じます。

　あとの人も位置を変わり，行きたい国も別の国に変えて言うようにします。

　Aさんは再び"Where do you want to go?"と尋ね，他の人が一斉にそろって答えを言います。Aさんは，背中越しに聞こえてくる声を頼りに誰がどこに行きたいのかを当てます。

♥人間関係作りのポイント

　ゲームの振り返りをします。前を向いていたときと，後ろ向きのとき，どちらが伝わりやすかったかを尋ねます。「人に話をするときは，その人の方を向いて話すとよく伝わる。」という意見が出るといいですね。

35 ドンじゃん ①

★英語表現　各種語彙
★人数：6人　★学年：全学年　★時間：15分　★準備物：絵カード

ゲームのねらい

黒板に並べて貼った絵カードを，2チームが左右それぞれから読み上げていき，「ドン」と出会ったところでじゃんけんをするので「ドンじゃん」と呼ばれるゲームです。絵カードさえあれば，手軽に語彙の復習ができます。

✤手順

1 "Team A, you stand here." "Team B, you stand here."

　このゲームはいろいろな語彙の練習に使えます。写真のように黒板に絵カードを8枚～10枚ほど並べて貼ります。A，B2チームに分かれ，最初の人は左右それぞれの端の最初の絵の位置に立ちます。

2 "Team A, you start here." "Team B, you start here."

　Aグループの人は左端から，Bグループの人は右端から，それぞれの絵カードにタッチして，その絵カードの単語をはっきり，ていねいに発音しながら，中心に向かって進んでいきます。

3 "Team A and Team B. You come up here, please do janken."

　お互い真ん中で出会ったら「ドン」と言ってじゃんけんをします。
　勝った人は先の絵カードに進みます。
　負けた人はチームに戻り，次の人に交代します。次の人は，また最初の絵カードからスタートします。
　再び，両チームが出会ったら，「ドンじゃんけん」をします。
　早く相手のチームのスタート位置まで行き着いて，相手の陣地を征服したチームの勝ちです。

4 応用編

　高学年であれば，絵カードの中の数枚を文字に変えて提示しゲームを行うと今後の発展的な活動に使用できます。
　また，慣れてくれば，絵カードの単語だけではなく"I like apples."のように文を使って言わせるのもいいですね。

♥人間関係作りのポイント

　ゲームの勝ち負けにこだわりすぎると，エキサイトして発音がいい加減になったりします。ていねいに，きちんと発音しているか，チームの待機位置を逆にして，相手の発音をチェックさせるのも一つです。

36 ドンじゃん ②

★英語表現　各種語彙
★人数：6人　★学年：全学年　★時間：15分　★準備物：絵カード

ゲームのねらい

「35　ドンじゃん①」（p.78参照）の弱点は，早く言おうとして，本来の英語の学習や人間関係作りの活動の目的がおろそかになってしまうことがある点です。そこで，この「ドンじゃん②」ではその問題を克服する方法を提案します。

♣手順

1 "Team A, you stand here." "Team B, you stand here."

まず，Aチームの人が1列に並び，その横にBチームの人が1列に並びます。そして，一人1枚ずつ，絵カードを持って胸の高さにあげて立ちます。黒板に絵カードを貼る代わりに子どもが絵カードを持ちます。

2 "Team C, you start here." "Team D, you start here."

Cチームの人は左端から，Dチームの人は右端から，それぞれの絵カードにタッチして，その絵カードの英語をはっきり，ていねいに発音しながら，中心に向かって進んでいきます。

3 "Team A, and Team B, you are teachers."

「AチームとBチームは先生役になってね。」
この先のゲームの進め方は，基本的に「35　ドンじゃん①」と同じです。違うところは，絵カードが黒板に貼ってあるのではなく，子どもたちが持

っているところです。

　絵カードを持っている子は，ゲームをしている子が英語が言えずに困っていたら助けてあげます。

　また，きちんと英語を言っているかどうかをチェックするモニター役として"Good!"などの声かけをしてあげてもいいでしょう。

4 振り返り

　たとえゲームであっても，ことばを使うときはていねいに，きちんと使うよう指導したいものです。

　振り返りでは，きちんと，ていねいに発音していたかなど考えさせるのもいいかも知れません。

♥人間関係作りのポイント

　早く言うことにこだわると，いつの間にかことばは荒れてきます。子どもたちに「ことばの大切さ」を教えるならば，このゲームのようにきちんとていねいに伝えることを目標にしていきたいものです。

37 ○× Can Can't

★英語表現　can　★人数：大人数　★学年：高学年
★時間：10分　★準備物：長い縄，絵カード，ストップウォッチ

ゲームのねらい

友達が「こんなことできるかな？　できないかな？」と想像しながら○か×の方に動きます。答えを知って，「へーっ，そうなんだぁ！」と驚きの声があがることも。知っていそうで，意外に知らない友達の一面を探ります。

✤手順

1 "Can you play kendama?" "Yes, I can. / No, I can't."

　canの単元の活動の一つとして行うときには，ゲームの前に子どもたちと簡単なやりとりをして，受け答えの仕方を確認しておきます。ここではさっと練習する程度でいいです。

2 "A san, please come here."「みんなで聞いてみよう」"Can you ～?"

　Aさんを黒板の前に立たせます。全員に見えるように絵カードを提示し「Aさんに，できるかどうか聞いてみよう。」と促します。
　みんなは，Aさんに向かって，一斉に"Can you ～?"と尋ねます。Aさんはその場では答えません。

3 "This side is ○. And this side is ×." "Ready? Go!"

　先生は，子どもたちにAさんの答えを予想させます。
　Aさんの答えが"Yes, I can."だと思う人は○に，答えが"No, I can't."だ

82

と思う人は×に移動します。
　考える時間は10秒間です。先生の"Ready? Go!"の合図で動き始め，10秒経ったら，○と×のエリアの間に縄を張ります。

4 「みんなで聞いてみよう。」"Can you 〜 ?" "Yes, I can. / No, I can't."

　一度全員でAさんに"Can you 〜 ?"と尋ね，Aさんは，正解を言います。続けて，別の子どもが前に出てAさんと同じやり方で活動を続けます。
　この活動も，最後に必ず振り返りをしましょう。「友達のできること，できないことを知ってどんなことを感じましたか？」というテーマです。

♥人間関係作りのポイント

　ある振り返りで「友達もできることや，できないことがいろいろあって，自分だけができないんじゃないと思った。」という意見がありました。自己肯定感を持ち，子どもが自信を持つきっかけになったのでしょう。

38 オールYes!

★英語表現　いろいろな疑問文
★人数：大人数　★学年：高学年　★時間：10分　★準備物：絵カード

ゲームのねらい

外国語活動も高学年になると，かなりたくさんの疑問文の表現を学習します。そこで，学習した疑問文を使った復習ゲームを考えてみました。代表の子にいろいろな質問をぶつけながら，楽しく疑問文の復習ができます。

手順

1 "I need one volunteer. Can you help me?"「誰か助けてくれる人？」

ゲームの進め方を説明するのに誰かボランティアで助けてくれる子どもを募集します。黒板の前に椅子を置き，ボランティアの子どもにみんなの方を向いて座ってもらいます。

> T：I need one volunteer. Can you help me? 誰か助けてくれる人いますか？
> C：はい。はい。
> T：Thank you, Yuki. Please come here, and sit down.（椅子を示しながら）
> C：何をするんですか？
> T：ここに座って，みんなの質問に全部"Yes."って答えるんだよ。

2 "Please ask any question."「黒板の絵に関する質問をしましょう。」

黒板にある絵カードを貼ります。みんなは，その絵カードが見えています

が，前に出たボランティアさんにはその絵カードは見えていません。みんなは絵に関する質問をします。

例) Do you like it? Is it big?

3 "Please answer 'Yes' anytime."「必ず Yes で答えてください。」

黒板に貼ってある絵について，見ている人たちが英語で質問します。ボランティアの子は，どんな質問に関しても常に笑顔で "Yes." と答えなければなりません。

例えば，黒板に「ウサギ」の絵カードが貼ってあり，みんなが "Can you play baseball?" と聞いても笑顔で "Yes." と答えます。

先生は，質問の内容が不快な内容だと判断した場合は介入が必要です。

4 "What is this?"「何だと思いますか？」

ボランティアの子どもは "Yes." と答えたときのみんなの反応などから，黒板に貼った絵カードが何であるか想像して答えます。もし，どうしてもわからなければ，みんなに "Hint, please." と言いましょう。

♥人間関係作りのポイント

ボランティアの子どもは，すべての質問に "Yes." と答えます。中には，みんなに笑われることが極端に気になる，こだわりの強い子どももいます。そんな子どもの場合は先生が質問するなど，個別の配慮が必要です。

39 お絵かき What's This?

★英語表現　What's this?
★人数：大人数　★学年：全学年　★時間：10分　★準備物：B5判用紙

ゲームのねらい

What's this? の単元は様々なクイズを体験し，最後にクイズ大会をするという楽しい活動があります。ここでは，クイズ大会で使える What's this? のクイズをいくつか紹介します。学年の実態に応じてアレンジしてください。

✤手順

1 "Please draw a big picture."「大きな絵を描いてください。」

まず，一人に1枚ずつB5判用紙を配布します。その用紙の上に，大きな絵を，簡単に描きます。

あとで，英語でのやりとりがしやすいように，テキストに出てくるものの絵に限定した方がいいでしょう。

2 "Please fold your paper like this."「こんなふうに折ります。」

右の写真のように，絵を描いた方を表にして紙を2回折り曲げます。

できるだけ，パッと見たときにわかりにくいよう，表に出ている部分の絵が難しいものの方が面白いと思います。

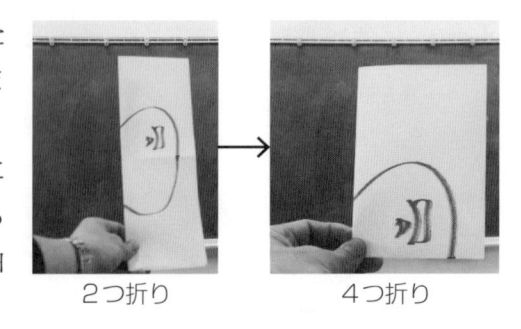

2つ折り　　4つ折り

3 "What's this?"「何だと思いますか？」"It's an apple." "That's right!"

　友達の所に行って、4つ折りにした絵を見せ"What's this?"と尋ねます。その段階でわかれば上のように"It's an apple."と答えます。
　当たっていれば、"That's right!"と言い拍手をあげます。
　そして、絵をすべて広げて見せて絵の表面か裏面に答えてくれた人のサインをもらいます。

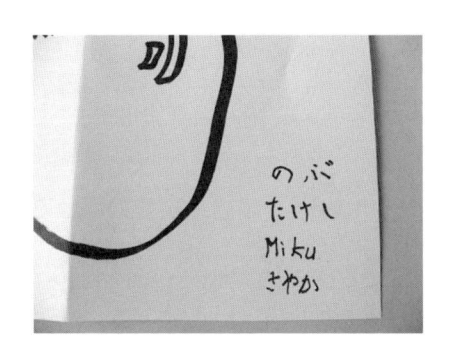

4 "Sorry. No!" "Hint, please."「ヒントをお願いします。」

　1回目の答えが間違っていたときは、出題者は、"Sorry. No!"と言います。相手は、"Hint, please."と言います。
　出題者は、折りたたんでいた紙を1回だけ広げて2つ折りの状態にします。
　そしてもう一度"What's this?"と尋ねます。以下のやり方は**3**と同じです。

♥人間関係作りのポイント

　絵を描くときに上手な絵を描こうとして、相当長い時間をかけてしまう子どもがいます。この活動は、絵が上手でない方が、相手は「何だろう？」と思うはずです。絵は手短に、簡単に描いた方がいいと伝えます。

40 背中で What's This?

★英語表現　What's this?　★人数：大人数
★学年：全学年　★時間：10分　★準備物：絵カード，洗濯ばさみ

ゲームのねらい

コミュニケーションが成立するためには，コミュニケーション・ギャップが必要だと言われます。ここでは，背中に付けられた絵が何か，自分ではわからないというコミュニケーション・ギャップをゲームにしました。

✤手順

1 "Please take one picture."「絵を1枚ずつ取ってください。」

まず，一人に1枚ずつトランプ大の絵カードを配ります。絵に描かれているものは，テキストに描かれているものから選ぶのがいいでしょう。習っていない単語は，後ほどやりとりをするとき英語で言えません。

2 "Please put your pictures on your friends' neck."「友達に絵を付けます。」

もらった絵カードを，相手に見られないようにして，相手の襟のあたりに付けてあげます。（右の写真を参考に）

絵がある面を上にして，動いても取れないようにしっかり付けてあげましょう。

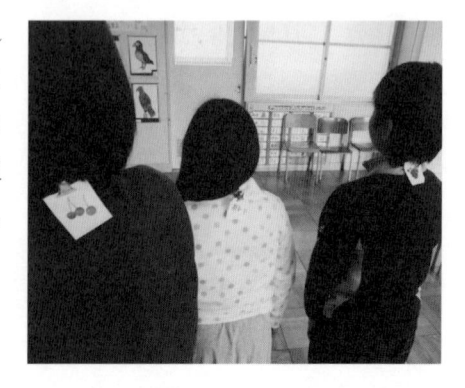

3 "What's this?" "Hint, please."「これ何ですか？」「ヒントをください。」

友達の所に行って，あいさつをします。そして，背中の絵を指さし"What's this?" "Hint, please."とお願いします。

聞かれた人は，3ヒントを順番に出します。例えばイチゴであれば，

1. It's red.
2. It's sweet.
3. It's on the cakes.

などです。

ヒントは間口の広いものから小出しにしましょう。

4 "Is this a strawberry?" "Yes, that's right!"「正解です。」

答える人は，答えがわかったら上のように言います。

正解ならば，ヒントをくれた人に絵カードをあげて，役割を交代します。

絵カードがなくなったら，新しい絵カードをもらいに先生の所に来るように言っておきます。

間違っていたら"Sorry, bye!"と言って，別の友達に聞きます。

♥人間関係作りのポイント

この活動は，人にヒントを教えてもらわなければ，自分の絵カードが何であるか，全くわかりません。相手のことばにじっくり耳を傾けよく聴き，教えてもらったあとは，感謝をこめてお礼を言うことも大切にしましょう。

41 ボディー・アルファベット

★英語表現　アルファベット
★人数：大人数　★学年：中学年以上　★時間：10分　★準備物：なし

ゲームのねらい

アルファベットの形の認識は，小学校3年生のローマ字を習うときに始まっています。何となく形をイメージしているだけのアルファベットを，身体で表現することで，形をより確実に定着させるためのゲームです。

手順

1 "What is this alphabet?"「これは，どんなアルファベットかな？」

まずは先生が子どもたちの前で，アルファベットの大文字を身体で表現する例を示します。

上のように言いながら，アルファベットの大文字を身体で表現して子どもに答えさせます。

2 "Please think of your own alphabet shapes."「各自で考えてみよう。」

　今度は，子どもたち自身で，自分の好きなアルファベットの大文字を身体で表す方法を考えてみましょう。考えたら，隣の席の友達に見てもらい，よい点や，改善点などをアドバイスしてもらいましょう。

3 "Let's play a body alphabet quiz!"「クイズをしましょう！」

　先ほど，ペアで練習したアルファベットを使いゲームをしましょう。
　教室内を移動し，友達に出会ったら英語であいさつをします。そのあと，自分のアルファベットを身体で表現して，"What is this alphabet?"と尋ねます。
　答えがわかった人は"I know."と言って答えを言います。
　3人の友達に問題を出し，答えてもらうことができたら席に戻ります。

4 応用編（ペアでアルファベット）

　1～**3**は一人でアルファベットを作る活動でした。今度は，2人で協力してアルファベットを作ります。手をつないだり，おんぶしたり，工夫をしてアルファベットを考えます。安全面には十分注意してください。

♥ 人間関係作りのポイント

　ペアでアルファベットを作るときには，お互いの身体がふれあうというふれあい効果が期待できます。さらに，2人で話し合うことで，交渉する力や妥協する力などのコミュニケーション力の練習にもなります。

42 ABC おしリレー

★英語表現　アルファベット　★人数：6人程度
★学年：中学年以上　★時間：10分　★準備物：アルファベットカード

ゲームのねらい

　レクリエーションゲームの罰ゲームとして定番の「尻文字」。こんなすばらしいゲームを，罰ゲームにしておくのはもったいない！ということで，尻文字を使って，アルファベットの形を認識させる活動を行います。

♣手順

1 "What's this alphabet?"「このアルファベットは何ですか？」

　いきなり，先生が子どもたちの前に立ち，上のように言いながら，尻文字でAを描きます。

　できるだけ，派手に，大きな動作でやることで，次に続く子どもたちの抵抗感が軽減されます。

2 "Please turn around."「後ろを向きましょう。」

　教室の並んでいる座席の列を利用します。人数の差があれば，調整をしてください。

　全員，後ろを向かせます。先生は先頭の子どもにアルファベットカードを渡します。

3 "Please relay alphabet Shirimoji."「尻文字でリレーします。」

　先頭の子どもは，2番目の子どもの背中をトントンとたたきます。2番目

の子どもが振り向いたら，先頭の子どもは，尻文字でアルファベットを伝えます。

　２番目の子どもは，わかったら，黙って頷きます。わからないときは"One more time, please."とお願いします。

　以下同じように，２番目から順に最後の子どもまでリレーします。

4 "What's this alphabet?"「このアルファベットは何ですか？」

　全員が伝え終わったら，最初に伝わった列から答え合わせをします。
　１番の人が上のように言います。最後の人が全員の前で尻文字を描きます。
　１番の人はアルファベットカードをみんなに見せ，正解を確認します。

♥人間関係作りのポイント

　人の前で尻文字を描くには，恥ずかしい気持ちを克服し，自分の殻を破る「自己開示」をしなければなりません。まず先生が大げさに，面白く例を示し，あとに続く子どもたちの心理的ハードルを下げましょう。

43 ABC 迷子捜し

★英語表現　アルファベット　★人数：大人数
★学年：高学年　★時間：10分　★準備物：アルファベットカード

ゲームのねらい

　アルファベットの大文字と小文字の弁別は，小学生にとって，なかなか難しいものです。そこで，大文字・小文字のアルファベットカードをマッチングさせるゲームにしました。演技を大げさにやると盛り上がります。

♣手順

1 "What's this alphabet?" "It's A." 「これは大文字。お母さんです。」

　このゲームも，アルファベットの大文字・小文字の文字の単元を学習し終えた頃に復習として行います。
　アルファベットの大文字を「親」小文字を「子ども」という設定にします。

2 "Please pass the cards." 「裏向きで人に見せないように配ってね。」

　手のひら大のアルファベットカード（大文字と小文字がまじったもの）を1枚ずつ配布します。
　子どもたちは，アルファベットカードの裏を向けたまま，1枚だけ取って，次の人に見られないように回します。

3 "Oh, Where is a 'b' card?" 「あれ，bのカードはどこ？」

　活動としては，大文字と小文字のアルファベットカードを一致させるという単純なものですが，場面設定に一工夫します。

大文字を持った人は親です。子どもが迷子になってしまったので，心配して"Oh, Where is a 'b' card?"と演技をしながら捜し回ります。

小文字を持った人は小さな子どもです。親とはぐれてしまったので，悲しくて「'b' ビー，ビー！」と大きな声でアルファベットを言い親を捜します。

4 "Oh, We are happy!"「やったぁ，よかった！」

親子が見つかったペアは，上のように言い，ハグや万歳などして喜びを表し，そろったアルファベットカードを先生に見せます。

先生はアルファベットカードの確認をしたら"You did it!"とほめ，子どもたちに次のアルファベットカードを渡します。

a	b	c
d	e	f
g	h	i
j	k	l
m	n	o

A	B	C
D	E	F
G	H	I
J	K	L
M	N	O

♥人間関係作りのポイント

大文字と小文字のイメージを「親子」という設定で紹介したところが大切です。親は，本当に子どもを心配するように，子どもは親に自分の居場所を知らせるように，大げさな声で泣きながら言うのが面白いところです。

44 バースデー・チェーン

★英語表現　誕生日
★人数：大人数　★学年：中学年以上　★時間：10分　★準備物：なし

ゲームのねらい

バースデー・チェーンは，ノンバーバル（ことばを使わない）コミュニケーション活動として，構成的グループエンカウンターの活動などでも使われます。このゲームは，それを小学校の外国語活動に応用しました。

♣手順

1 "When is your birthday?"「誕生日はいつですか？」

誕生日の尋ね方，答え方は小学校外国語活動でよく登場します。まず，先生は子どもに上のように問いかけ，子どもたちが自分の誕生日を英語で言えるかどうか復習します。生まれ月の名前だけ言えればいいです。

T：My birthday is in January. When is your birthday, Takumi?
C：4月．
T：In April. My birthday is in April.
C：My birthday is in April.
T：Good! まずは何月まででいいからね。

2 "Please tell me your birthday with gestures."

次に，子どもたちは，自分の誕生日を聞かれたら"My birthday is ...."まで英語で言い，その後の月や日にちをジェスチャーや指を使って伝えます。

隣のペアで実際に練習してみましょう。

3 "Let's make a birthday chain." "Here is January, here is ...."

ペアで練習ができたら，先生は上のように指示をします。

1月から順番に，大体どの辺に来るか目安を伝えます。1月の場所だけ張り紙などしておくのもよいでしょう。

子どもたちは2で練習したように誕生日の月と日にちの部分だけはことばを使わないで，ジェスチャーなどノンバーバルな手段で伝えます。

自分の誕生日の位置が決まったら，その位置に座ります。

4 "When is your birthday?" 「誕生日はいつですか？」

全員が座ったのを確認したら，先生は一人ずつ順番に上のように聞いていきます。

子どもたちは，今度は月も日にちもすべて英語で答え，バースデー・チェーンが正しくできているか確認します。

♥ 人間関係作りのポイント

子どもが「英語の学習が難しいなぁ！」と感じた頃に，この活動を行うと効果的です。英語で何かを伝えるときには，ジェスチャーや表情なども大きな割合を占めていることを伝えて安心させてあげましょう！

45 タイム・チェーン

★英語表現　時間
★人数：大人数　★学年：高学年　★時間：10分　★準備物：大きな時計

ゲームのねらい

　タイム・チェーンもノンバーバル（ことばを使わない）コミュニケーション活動の練習です。時間の言い方，尋ね方は特に難しい単元です。子どもたちの学習負担を減らし，安心して取り組める活動にしましょう。

手順

1 "What time do you get up?"「あなたは，何時に起きますか？」

　時間の言い方，尋ね方の単元では，60までの数の言い方や，多くの動詞など一度に様々なことを学習します。混乱しやすい単元ですので，チャンツなどで基本表現をしっかり復習しましょう。

> T：I get up at 6.（6時の時計を見せて，起きるジェスチャーをする）
> 　　What time do you get up, Natsume?
> C：えっ，起きる時間？　6時30分です。
> T：At six thirty.
> C：Six thirty.
> T：Good! You get up at six thirty.（6時30分の時計を見せて，他の子どもにも尋ねる）

2 "Please tell me your time with gestures."「ジェスチャーで示してみて。」

子どもは"I get up at ...."まで英語で言い，時間の部分を手で短針，長針を表すなどして，ノンバーバルな方法で伝えます。

ゲームの前にグループの友達と実際に練習してみましょう。

3 "Let's make a time chain." "Here is 5 o'clock, ..."

グループで練習ができたら，先生は上のように指示をします。

5時から順番に，大体どの辺に来るか目安を伝えます。5時の場所だけ張り紙などしておくのもよいでしょう。

子どもたちは2で練習したように起きる時間の部分だけはことばを使わないで，ジェスチャーなどノンバーバルな手段で伝えます。

自分の起きる時間の位置が決まったら，その位置に座ります。

4 "What time do you get up?" 「何時に起きますか？」

全員が座ったのを確認したら，先生は上のように，一人ずつ順番に英語で聞いていきます。

子どもたちは，時間もすべて英語で答え，タイム・チェーンが正しくできているかを，先生と一緒に確認します。

♥人間関係作りのポイント

バースデー・チェーンもタイム・チェーンも，振り返りを大切にしましょう。「友達の誕生日が自分と近いことがわかってうれしかった。」「起きる時間が早い人がいて驚きました。」などの感想が聞かれるはずです。

46 Help Me! レスキュー

★英語表現　Please help me. Sure.
★人数：大人数　★学年：全学年　★時間：10分　★準備物：教科書，筆箱

ゲームのねらい

あなたは困ったときに，他人に「助けて！」とお願いすることができますか。人は案外，他人に甘えるということが苦手なのかも知れません。子どもたちが自然に「助けて」「いいよ」と言える関係になったらすてきですね。

♣手順

1 "Please put your books on your heads." 「頭の上に本を置いてください。」

　頭の上に教科書や筆箱など，落ちてもこわれないようなもので，あまり安定性のないものを置きます。

　この状態で教室内を歩いて回ります。教室の机が多い場合は，机を後ろに下げ，安全に注意しましょう。

2 "Please help me!"「助けてください！」

　頭の上に置いたものが下に落ちてしまったら，自分で拾うことはできません。その場に止まって，上のように言い，誰かが助けてくれるのを待ちます。大げさなジェスチャーを付けて言うと盛り上がります。

3 "Sure."「いいよ。」

　拾ってあげる人は上のように言い，落とした人のものを拾って，落とした人の頭の上にのせてあげます。
　助けてもらった人は"Thank you."助けた人も"You're welcome."と言いましょう。
　ただし，拾ってあげようとして，自分も頭の上のものを落としてしまったら，"Please help me."と言い誰かが助けてくれるのを待ちます。
　教室のそこら中で「助けて！」の声が聞こえる様子が滑稽です。

4 振り返り

　活動のあとで振り返りをしましょう。
　「助けてもらったとき，どんな気持ちがしましたか。」「助けてあげた人は，どんな気持ちでしたか。」という観点で話し合ってみましょう。

♥人間関係作りのポイント

　甘えることは，最初は少し照れくさかったり，恥ずかしかったりするものですが，甘えてみると意外に，心地よく，温かい感情を感じます。人間の社会は，「頼り」「頼られ」の関係で成り立っているのです。

47 ジェスチャー・レストラン

★英語表現　ていねいに尋ねるときの表現
★人数：5，6人　★学年：中学年以上　★時間：10分　★準備物：なし

ゲームのねらい

あなたがことばの通じない外国を旅行したとします。レストランで何か食べものを注文したいとき，どうしますか？　おそらく，身振り手振りで何とか伝えようとするでしょう。この活動はそこにヒントを得て作りました。

手順

1「みなさんは今，英語しか通じない外国のレストランにいます。」

　ゲーム活動をする際には，事前のインストラクションはとても大切です。どんな目的でその活動をするのか，どんな状況設定なのか。それらを端的に示すことで，余分な説明も必要なくなります。

2 "What would you like?"「ご注文は何になさいますか？」

　先生は子どもたちに，上のように尋ねます。尋ねられた子どもはジェスチャーやパントマイムで，自分が食べたいものを伝えます。最初に，元気のよい子を指名し，面白い例を示してもらうとうまくいきます。

3 "Do you like sushi?"「寿司がお好みですか？」

　先生は，子どものジェスチャーやパントマイムを見て，何を食べたいのかを予想し当てます。
　聞かれた子どもは，先生の予想が当たっていれば "Yes, I do." 違ってい

れば"No, I don't."と答えます。

4 "Let's play a gesture restaurant relay!"

　5，6人の縦列対抗戦で行います。

　先頭の人が2番目の人に"What would you like?"と尋ねます。

　2番目の人はジェスチャーなどで，食べたいものを表現します。先頭の人が"Do you like soup?"と尋ねます。文章で答えるのが難しければ"Soup?"のように単語で言ってもいいです。

　正解が出たら，今度は2番目の人が3番目の人に"What would you like?"と聞き，以降同様にリレーします。

♥人間関係作りのポイント

　Good communicatorとは，ことばや気持ちを，様々な方法で工夫し伝えられる人。また，相手が困っているとき，相手の状況を想像してあげられる人です。ゲームを通じGood communicatorを目指しましょう！

48 Can Can't ハンティング

★英語表現　can
★人数：5，6人　★学年：中学年以上　★時間：10分　★準備物：なし

ゲームのねらい

フォックス・ハンティングというゲームがあります。クラスの中で，犬を飼っている人が10人いるとします。英語でインタビューして回り，犬を飼っている10人を捜し当てるゲームです。この活動は，その応用です。

✥手順

1 "Close your eyes, please. Can you cook miso soup?"

　まず，先生が子どもたちが何ができるのかをリサーチするために，上のような質問をいくつかします。

　子どもたちは，自分ができるものに，黙って手をあげます。先生は各項目の数をメモします。

> T：Close your eyes, please. Can you cook miso soup?
> 　　目をつぶって黙って手をあげてね。
> C：....（13人ぐらいが手をあげる）
> T：Can you ride a unicycle?
> C：....（8人ぐらいが手をあげる）　以下同じように3問ほど質問を続ける。
> T：OK. Please open your eyes.

2 "OK. Please open your eyes."「目を開けてください。」

　先生は先ほどのリサーチした結果の中から，クラスの中で6人〜10人程度に当てはまる項目を探します。あまり数が多いとゲームが面白くないですし，あまり数が少ないと，なかなか，見つかりません。

3 「一輪車に乗れる人が8人います。そのうち5人を捜しましょう！」

　先生は上のように言ってインタビュー課題を提示します。
　まず，インタビュー活動する前に，聞き方，答え方の確認をしましょう。答える人は"Yes, I can. / No, I can't."です。
　一輪車に乗れる8人のうち5人が見つかった人は，自分の席に戻ります。

4 活動のポイント

　この活動はインタビューシートを使いません。シートを見ながら活動すると，記入することに注意がいってしまい，肝心のコミュニケーション活動がおろそかになってしまうからです。
　質問は相手の顔を見て最後までしっかり聞く。インタビューが終わったあとは"Thank you.""You're welcome."というやりとりも忘れずに行いましょう。

♥人間関係作りのポイント

　インタビュー活動で大切なのは「相手意識」です。相手に尋ねるときに「〇〇くんはいつも元気だから一輪車は乗れるかな？」と相手に思いを寄せて，相手のことを，いろいろと考えてみることが大切なのです。

49 Hi! Hi! 送り

★英語表現　Hi! Hello! Good morning.
★人数：8人〜10人　★学年：全学年　★時間：10分　★準備物：なし

ゲームのねらい

誰かと目を合わせて「こんにちは！」とあいさつすると，心が通い合ったみたいに温かい気持ちになりますね。このゲームは，クラスのみんなが，そんなほっこりした気持ちになれるリレーション作りのゲームです。

❖手順

1 "Please make group circles."「グループで輪になってください。」

8人〜10人程度のグループでお互い両手間隔ぐらいに広がり，輪になって立ちます。
あまり人数が少な過ぎても，多過ぎてもうまくゲームができないので調節してください。

2 【手順1】"Hi!"「やあ！」

はじめに"Hi!"と言う人を決めます。その人は，グループの輪の中の誰かの顔をじっと見つめながら，元気に"Hi!"と言います。
自分が「言われた！」と感じた人は，元気に"Hi!"と返します。

3 【手順2】

お互いに「相思相愛」だったペア，つまり"Hi!"と"Hi!"が一致した2人は，輪の中で互いに位置を入れ変わります。

しかし，残念ながら"Hi!"と言われた人が"Hi!"と答えず，別の人が"Hi!"と返してしまったら，お互いの位置は変わることができません。
　間違えて"Hi!"と言ってしまった人から，別の人に"Hi!"と言い，次のゲームが始まります。

4 その他

　最初は"Hi!"と言う人は一人で行いますが，慣れてきたら"Hi!"と言う人の人数を増やしていっても面白いです。
　また"Hi!"だけでなく"Hello!"や"Good morning."のあいさつを混ぜてもいいです。

♥人間関係作りのポイント

　つい間違えたり，隣の子どもにつられて"Hi!"と言ってしまう子どもがいます。そんなときは，大いにその子を励ましてあげましょう！　次第に，他の子どもたちも遠慮せず積極的に反応し始めるはずです。

50 レッドカーペット！

★英語表現　様々な表現力
★人数：大人数　★学年：高学年　★時間：10分　★準備物：なし

ゲームのねらい

チャンツで英語表現に慣れ親しむことは大切なことです。しかし，ことばは場面に応じて気持ちを込めて伝えることが必要です！　レッドカーペットに登場する俳優になったつもりで最優秀男優（女優）賞を目指しましょう。

♣手順

1 "See you!"「①　学校帰りの子どもと先生の会話です。」

学校の帰り道，川の土手の向こう側に担任のA先生が自転車で通りかかりました。

みなさんは土手のこちら側から「A先生さようなら～！」と言います。ペアになって練習しましょう！

2 "See you!"「②　クラスの子ども同士の会話です。」

今日は友達のNくんとささいなことでけんかをして，一言も口をきいていません。

帰り際，下駄箱でNくんに会って「さようなら。」と言います。新しいペアで練習しましょう。

3 "See you!"「③　大好きなCちゃんとのお別れの会話です。」

あなたの大好きなCちゃんが，お父さんの転勤で，遠い外国に旅立つ日

です。

あなたは，Cちゃんの家に，引っ越し前最後のお別れに来ました。
Cちゃんとの「さようなら」の場面です。
また，新しいペアで練習しましょう。

4 "Now, it's a show time!"「さあ，レッドカーペットの時間です！」

クラスを紅白2チームに分けて行います。それぞれから順番に1名ずつ登場し，❶〜❸の3つの"See you!"のどれかを言います。

見ている人は，相手のチームが何番の"See you!"を言ったのか当てます。

一発で正解すれば，演じたチームに演技ポイントが1点入ります。最終的に紅白どちらのチームのポイントが多いかで競います。

最後に全員投票で，「今日のレッドカーペット」の最優秀男優（女優）賞を決めてもよいでしょう。

♥人間関係作りのポイント

レッドカーペットに選ばれた人たちの演技はどこがよかったのか？ みんなで，活動後に振り返ってみましょう。また，レッドカーペットに選ばれた人たちにも，なぜそのような演技にしたのか聞いてみましょう。

51 Do You Remember?

★英語表現　What fruits do you like? など
★人数：大人数　★学年：中学年以上　★時間：10分　★準備物：なし

ゲームのねらい

　外国語活動のインタビュー活動でよく見られるのは，数名の友達と会話をしたのに，「誰と何を話したのか覚えていない」ということです。このゲームは，そんなインタビュー活動の問題点を改善するために考えました。

❖手順

1 'fruits'「果物について尋ねます。」

　先生は，子どもたちに向かって，上のように質問のテーマを言います。
　子どもたちは"What fruits do you like?"と，先生が出したテーマについて，教室内の友達誰か一人とペアになって会話をしたら座ります。

2 'sports'「スポーツについて尋ねます。」

次に先生は，子どもたちに向かって上のように言います。

子どもたちは"What sports do you like?"と，先生が出したテーマについて，教室内の友達誰か一人とペアになって会話をしたら座ります。

3 'animals'「動物について尋ねます。」

さらに，先生は上のようにテーマを出します。子どもたちは"What animals do you like?"と，教室内の友達誰か一人とペアになって会話をしたら座ります。

これ以降，先生は上の**1**〜**3**の質問をそれぞれ何度か繰り返して質問します。

4 "Fruits Groups!"「果物の仲間で！」

先生が上のように言います。子どもたちは，果物について話した人を思い出し，2人以上の「果物グループ」になったら座ります。「果物グループ」とは，「同じ果物が好きな仲間」でもいいですし，「秋にとれる果物，赤い色の果物」など自分たちで勝手にこじつけてもいいです。

ある程度，みんなが座ったら，先生は「なぜ，そのグループが仲間なのか？」と理由を尋ねます。

♥人間関係作りのポイント

理由の部分は，どんな理由でも構いません。例えば「かわいい動物」という主観でもいいのです。大事なのは，どんな小さな共通点でもよいので，それを見つけて仲間意識を持つ練習をすることなのです。

52 Odd One Out!

★英語表現　ブレインストーミング
★人数：4人　★学年：高学年　★時間：15分　★準備物：ホワイトボード

ゲームのねらい

Odd One Out というゲームがあります。いくつかのものの中から，一つだけ仲間はずれを見つけるというものです。このゲームでは，グループの仲間と協力し，どうして違うのかという理由をあれこれ考えることが重要です。

手順

1 "Let's find odd one out!"「仲間はずれを見つけてね！」

1	ペンギン
2	アヒル
3	ニワトリ
4	ハト

先生は，左のような問題が書かれたホワイトボードを子どもたちに見せながら上のように言います。

子どもたちは，仲間はずれのものを見つけ，なぜそれが仲間はずれなのか説明します。

2「ハトです。理由は…」"Hato can fly."

理由を簡単な英語で言いましょう。わからないときは，子どもが日本語で言ったものを先生が英語に直し，子どもに繰り返させます。正解も理由も一つではないので自由に考えましょう。

3 "Please make your own quiz." 「自分たちで問題を考えよう。」

2のように,いくつか例題とその答えを繰り返したところで,次に子どもたちに問題を考えさせます。

各グループにホワイトボードを配布しグループで問題を作る時間をとります。

先生は,各グループを回って,困っている子どもたちを助けます。

4 "Let's start a quiz time!" 「クイズを始めましょう!」

最初のグループから順番に前に出て,ホワイトボードを示しながら問題を出します。

答えは1つではないので,そのグループが考えた答え以外でも正解とすることを,事前に子どもたちと確認します。

問題が出されたら,それぞれのグループで答えや理由,英語での答え方などを相談する時間をとります。この活動は,みんなと相談することが重要です。

問題例)
① キウイ　② コアラ　③ カンガルー　④ 羊
　正解の一例：①だけは果物,④だけは漢字で書ける
① China　② Brazil　③ India　④ America
　正解の一例：③だけは頭文字がアルファベット順に続かない(America Brazil China),②だけは終わりがaじゃない

♥人間関係作りのポイント

子どもたちの発想は実に豊かです。理由を発表したとき,「オーッ!」という感嘆の声が上がることがあります。そんなときには,大いに子どもたちをほめてあげましょう。「ナイス答え賞」をあげてもいいですね。

53 漢字で「ドボン！」

★英語表現　Do you have ～?
★人数：大人数　★学年：中学年以上　★時間：10分　★準備物：なし

ゲームのねらい

漢字はいろいろな部首やつくりで成り立っています。それらの中には小学生でも英語で表現できるものがあります。例えば，「明」には「月」moon や「日」sun が含まれます。英語の時間に漢字の勉強もできるのです。

✤手順

1 "Do you have the moon in your name?"「名前の漢字に『月』がある人？」

まず，全員立ちます。先生は，子どもたちに向かって上のように言います。そして，黒板に「明子」と書いて「月」という部分が含まれていることを示します。「藤」「筋」なども「月」の仲間と考えます。

2 "OK. Sit down please."「その人は座ってください。」

名前に漢字の「月」が付く子どもは "Yes, I do." と言って席に座ります。
以下同じように，「水」が付く人，「山」が付く人などと進めていき全員が座るまで続けます。

3 "Now, your turn."「今度は，みんながやります。」

教室の子どもたちを真ん中で2グループに分けます。グループの代表がじゃんけんをして先攻・後攻を決めます。
全員が真ん中を向いて立ちます。これで準備完了です。

先攻のグループは，相手のグループに言う英語を相談します。そして，全員で"Do you have the sun in your name?"と言います。

> Do you have the sun in your name?

4 "Your team is the winner!"「こちらのチームの勝ちです！」

　以降，同じように，交互に質問を繰り返していきます。
　グループ全員を先に座らせることができたチームの勝ちです。
　オプションとして，全員背中合わせになってやる方法もあります。相手の顔が見えないので，漢字を思い浮かべるのも難しくなります。

♥人間関係作りのポイント
　小学校の担任は，すべての教科を教えています。英語の授業が大変だ！という声も聞きますが，他の教科の内容を上手に英語の学習に取り入れると，英語の苦手な担任の先生も意外に楽しく英語の授業ができます。

Chapter3　集中&リフレッシュできるゲーム

54　早撃ち計算
～じゃんけんゲーム④～

★英語表現　Rock, scissors, paper. One, two, three.
★人数：2人～数人　★学年：中学年以上　★時間：10分　★準備物：なし

ゲームのねらい

じゃんけんゲームに，算数の要素を取り入れました。出した指の数を，足したり，引いたり，かけたりして，答えを早く言った人が勝ちです。

✤手順

1　"Let's play 早撃ち足し算 game."と言ってスタートします。

　一人が腰に拳銃を構えるような格好をして，"Rock."と挑戦します。相手は，"Scissors, paper."と言い，同じように，腰に拳銃を構える格好をします。

　"One, two, three."で0～5の指のどれかを出します。2人の指の合計数を英語で早く言った方の勝ちです。

2 「勝った人，負けた人は，それぞれポーズをしましょう。」

　勝者は拳銃の銃口の煙を「フッ」と吹くような，敗者は派手に「ウ〜ッ，やられた。」と撃たれたような，動作をします。お互いに派手にやるほど，ゲームが盛り上がります。

3 "Next, let's play 早撃ち引き算（かけ算）game."

　同じ要領で，今度は引き算ゲームをします。2人で指を出し，大きい数から小さい数を引いた数を，英語で早く言った方が勝ちです。同じ数の場合は，zero が答えになります。

　また，2人の指の数をかけ合わせて，かけ算で対戦することもできます。

4 その他の応用編

　このゲームは人数を3人以上に増やせば，非常に難易度があがり，知的なゲームになります。

　足し算は，そのまま全員の数を足します。引き算は，メンバーの中で一番数の大きい人から，一番数の小さい人を引くようにするなど，計算にあまり時間がかからないような工夫をした方が，ゲームのドキドキ感が持続します。

　これら応用編は，eleven 以上の大きな数の言い方を，チャンツなどで事前にしっかり練習し，慣れ親しんでからゲームを行うようにしましょう。

♥人間関係作りのポイント

　このゲームの面白さは，勝負が決まったとき，派手なアクションで転げ回るところです。はじめは恥ずかしがっていた子どもが，周りの子どもにつられて，次第に恥ずかしさを捨てて，自己開示を始めます。

55 以心伝心
～じゃんけんゲーム⑤～

★英語表現　Rock, scissors, paper.　One, two, three.
★人数：3人～数人　★学年：中学年以上　★時間：10分　★準備物：なし

ゲームのねらい

じゃんけんで「あいこ」が続いたとき，なんだか互いに気持ちが通じているような感覚になったことはありませんか？　この活動は，それをゲームにしました。

♣手順

1 "Please make groups of 3."「3人組のグループを作ります。」

「グループで英語じゃんけんをして，全員があいこになったら座ります。」と短く指示を出します。

"Are you ready?　Ready go." でゲームを始めます。

2 "Let's change groups."「新しい3人組のグループを作ります。」

全員のグループを解体してもいいですし，3人がそろって，座ったグループだけ，解体してもいいです。

1回のゲームをあまり長く続けないよう，いくつかのグループが座り始めたら，短い時間で切ってグループ替えをするのがコツです。

3 "This time, please make groups of 6."「グループを6人に増やします。」

今度，使うのは0～5の指です。じゃんけんをするときには，"Rock, scissors, paper.　One, two ○○." の○○の部分で，出した指の数を英語で言います。

6人のうち，同じ数を出した人は座ります。グループ全員が早く座ったチームの勝ちです。ただし，最後に，誰か一人だけ残ってしまったら，もう一度全員が立ってやり直します。

4「早くそろうためには，どうしたらいいのか，話し合ってみよう。」

　このゲームは全員がそろうためにはどうしたらいいのか？　みんなで知恵を出して話し合うところに面白さがあります。
　はじめは「○○くんが最後に一人だけ残っちゃうから，遅くなったんだぞ。」など，仲間を非難するような場面も見られますが，何度か話し合っているうちに，みんなで早くそろうための方法を考えるようになります。
　いつも早く全員がそろって，さっと座れるグループが出てきます。そのグループに，アイディアをシェアしてもらうことで，他のグループも，仲間と協力することの大切さを学びます。

♥人間関係作りのポイント
　振り返りの時間，先生は各グループの話し合いの様子を聞き，よい意見が出ていれば，意図的な指名をして，考えをシェアさせます。人間関係作りには，担任のファシリテーションが欠かせません。

56 数字送り

★英語表現　one two three four five ... 数
★人数：10人以上　★学年：全学年　★時間：10分　★準備物：ストップウォッチ

ゲームのねらい

　数字を1から順番に，英語で言っていくだけのゲームです。しかし，大切なのは，どうしたら早く数字を送ることができるか考えることです。

手順

1 "Let's make a big circle!"「大きな輪を作りましょう！」

　隣の人と，自然に両手がつなげるくらいの間隔の輪を作ります。人数はゲームの性質上，10人〜20人が適切です。クラスの人数が多い場合には，2つの輪に分けて行います。

2 "This is a ball. It's very expensive." パントマイムで表現します。

　先生は，左隣の子どもに，大切そうにボールを渡すふりをしながら"One."と言います。その子どもは，先生から受け取ったボールを，また，左隣の子どもに渡しながら"Two."と言います。以下順に数字を言いながら，最後の子どもにボールが届いたら全員座ります。

3 "Now, this is a time race."「さあ，今度は時間を計りますよ。」

　今度は，ストップウォッチで時間を計ります。他の班との競争ではありません。自分たちの班の以前の記録からどれだけ短縮できるか競います。

　数回行うごとに，作戦タイムを設け，どうしたら，今よりも早く回せるか，話し合う時間を持ちます。「手を近くに寄せておく」「顔を相手に向けて送ろう」など，みんなでアイディアを出し合い「挑戦する」ところが大切です。

4 応用編

　慣れてくると，時間の短縮が難しくなります。その頃には，応用編として新たな課題を加えましょう。

　例えば，3の倍数のときは数字を言わないで手をたたく，5の倍数のときには足踏みをする，3と5の公倍数のときはその両方を行うなどです。

　あくまでも大切なのは，早く回すことではなく，時間短縮のためにみんなで話し合って，協力する経験をするということです。これは，PA（プロジェクト・アドベンチャー）の要素を取り入れた活動です。

♥人間関係作りのポイント

　PA（プロジェクト・アドベンチャー）は，クラスの仲間が，ある課題達成のために力を合わせ行動し，それを一つ一つ乗り越えることで，仲間の絆を確かなものにしていくクラス作りの活動です。

57 ○○ニョッキ！

★英語表現　数字，曜日，月など
★人数：6人～10人程度　★学年：中学年以上　★時間：10分　★準備物：なし

ゲームのねらい

　数字や曜日の言い方など，単に繰り返して練習するだけでは退屈なもの。このゲームは，スリルと緊張感の中で，知らず知らずのうちに，何度も英語を繰り返して言いながら，覚えてしまう楽しさがあります。

♣手順

1 "Please make a small circle in your group!"「小さな輪を作りましょう！」

　6人ぐらいのグループで小さな輪を作って，向かい合わせで立ちます。右の写真のように，両手のひらで頭の上に富士山のような形を作ります。全員が富士山の形ができたら，ゲームのスタンバイ完了です。

2 "One."

　グループの誰から言い始めても構いません。右の写真のように，"One."と数を言いながら，頭の上の手をタケノコが伸びるように，勢いよく"ニョキッ"っと天に伸ばします。これが，このゲームの名前の由来です。

3 "Two." "Three." "Four."

　ルールは２つ。誰かと同時に数字などを言ってはいけません。《重なりの禁止ルール》

　また６人で行う場合，最後の"Six."を言うことになったら，その人も負けです。《最後は負けのルール》

　誰かとかぶってしまった場合は，もう一度初めの"One."からやり直します。

4 応用編

　上の例では，数字の"One."から"Six."までの例を挙げましたが，子どもの発達段階や，学習単元に応じていろいろなバリエーションが考えられます。

　例えば，SundayからSaturdayまでの曜日の名前で行うことができます。この場合は，７人で行います。また，JanuaryからDecemberまでで行うときには，12人の子どもが必要です。

　どちらの場合も，いつも同じ単語から始めるのではなく，例えば，TuesdayやAprilから始めると，ゲームはさらに難しくなります。

♥人間関係作りのポイント

　ゲームには勝敗が明確になるWin-Loseのものと，勝ち負けは関係ないWin-Winのものがあります。この「○○ニョッキ！」は，誰が勝ったか負けたかにこだわらず，みんなで楽しく行えるWin-Winのゲームです。

58 Don't Say 25!

★英語表現　数字など
★人数：大人数　★学年：中学年以上　★時間：5分　★準備物：なし

ゲームのねらい

単に数字を順番に言っていくだけのゲームですが，25を言わないようにするために，みんなで知恵を出し合うところが重要です。特に，高学年の子どもは，このゲームのように，みんなで考える知的な活動を好みます。

♣手順

1 "Let's play 'Don't Say 25' game!" 「25って言ったら負けよゲーム！」

先生は，黒板に1〜25までの数字を書きます。そして，"One, two, three."と言いながら1〜3の数字の上に×を書きます。これは説明です。

次に，英語または日本語で，子どもに3つまでの数字を言うように促します。ここから本番です。

2 "You go first!" 「みんなからどうぞ！」

子どもが"One, two."と言ったら，黒板の1・2の数字の上に，×を書きます。次に先生が，"Three, four."と言って，3・4の数字上に，×を書いていきます。

3 「考える」ことも大切

　ルールは2つ。一度に言えるのは，3個以内の連続した数字だけです。

　そして，2のように，先生と子どもが交互に数字を言い合っていき，最後の25を言った方が負けになります。

　はじめは何回やっても先生が勝ちます。しかし，何度か繰り返していくうちに，子どもたちが「どうしたら先生に勝てるのか？」考え始めます。じっくり相談させてあげましょう。

4 種明かし

　このゲームは実は，後攻が有利なのです。右の図のように，25までを，4の倍数で切っていきます。

　例えば，先攻が1・2と言えば，後攻は3・4と，4の倍数のところまで言います。

　以下同じように，4の倍数で切っていくと，後攻は必ず24で止まります。従って，先攻は25と言わされてしまう

1	2	3	4 ／
5	6	7	8 ／
9	10	11	12 ／
13	14	15	16 ／
17	18	19	20 ／
21	22	23	24 ／
25			

のです。倍数の関係をうまく使えば，別の数字でも応用ができます。慣れてきたら，子どもたち同士で出題し合っても楽しいでしょう。

♥ 人間関係作りのポイント

　どのゲームも10分以上，ダラダラやらないのがコツです。特に，このゲームは，長引かせるとつまらないので，授業の最初に少しだけやって，さっと切り上げる方が，子どもの興味が続きます。

59 One to Ten Lucky!

★英語表現　数
★人数：6人～8人　　★学年：全学年　　★時間：10分　　★準備物：なし

ゲームのねらい

　数の言い方は，子どもたちも耳慣れているので，比較的簡単に言うことができます。このゲームでは，数字の早回しゲームを行い，間違いを誘いながら，楽しく数の言い方を繰り返し練習できます。

♣手順

1 "Please make group circles." 「グループで輪を作りましょう。」

　このゲームは6人～8人ぐらいのグループで行います。あまり，人数が多過ぎても，少な過ぎてもやりにくいので，適切な人数になるように調整してみてください。それぞれのグループで輪を作り立ちます。

2 "Who goes first? Raise your hands!" 「最初にやりたい人？」

　最初にスタートする人を決めます。じゃんけんなどは，それだけで時間がとられるので，上のように挙手をさせてはどうでしょう？　「自分がやります！」というボランティア精神は，とっても大切です。

3 "One." "Two." "Three." "Four." …

　最初にスタートする子どもが，グループ内の誰かを指さして"One."と言います。
　指さされた子どもは，また別の子どもを指さして"Two."と言います。

以降も同様に"Three."から"Nine."まで指さしながら英語を言い続けます。

4 "Ten." "Lucky!"

最後に"Ten."と言って指をさされた子どもは何もしてはいけません。

その代わり"Ten."と指をさされた子どもの両隣の人は，"Ten."と指をさされた子どもの方を向いて，写真のように手をひらひらさせ"Lucky!"と言います。ひらひらは，できるだけ大げさにやると盛り上がります。

最後まで，うまく回ったら"Ten."と言われた人からまた始めます。途中で失敗してしまった場合は，最初にスタートした子どもからやり直します。

♥ 人間関係作りのポイント

単に英語で数字を言うという簡単なことでも，スピード感のある緊張した状態では間違いを起こします。でも，間違っても心配はありません。お互い笑いながら，間違いも共有できる仲間であることを感じましょう。

60 Plus 2 Minus 2

★英語表現　数
★人数：2人～6人　　★学年：中学年以上　　★時間：5分　　★準備物：なし

ゲームのねらい

　人間の脳は，同時に複数のことを行うと活性化するようです。このゲームは足し算をすることと，英語で数字を言うという2つのことを同時に行い，脳を活性化しながら，人間関係作りもできる一石二鳥のゲームです。

♣手順

1 "Please make pairs."「ペアを作りましょう。」

　このゲームは，ルールを理解するまではペアで行います。ルールが理解できたところで，グループになり，全員で行うのも楽しいです。じゃんけんで先攻・後攻を決めます。

2 "One.（パン，パン）" "Three.（パン，パン）" "Five.（パン，パン）"

　最初の人は "One." と言ってから，手を2回たたきます。相手は，その数に2を足して "Three." と言ってから，手を2回たたきます。また，最初の人は2を足して "Five." と言って手を2回たたきます。これを，どちらかが間違えるまで続けます。

3 応用編（グループで）

　6人程度のグループで行うときは，輪になって座ります。最初に言う人を決めたら，その人から時計回りで one から始めます。

128

グループ対抗戦の場合は，いくつまで間違えずに言い続けられるかを競い合います。

　慣れてきたら先生が途中で"Reverse."と言います。その時点で，回り方が反対になるというのも面白いです。

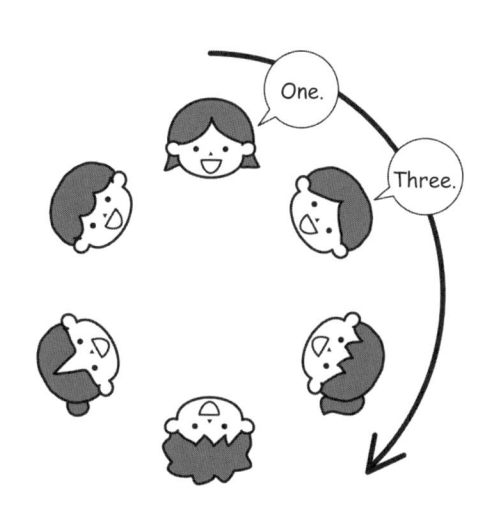

4 応用編（引き算で）

　さらに，子どもたちの実態によっては，引き算パターンで行うと，さらに難しさが増し面白いです。この場合は，最初 ten から始め，そこから数字を2つずつ下げます。慣れてきたら twenty や thirty などの大きな数でやってみましょう。

♥人間関係作りのポイント

　このゲームは大人がやってみても，なかなかうまく言えないことがわかります。子どもたちには，「間違っても大丈夫！ それよりも，どうしたらうまく続けることができるか考えようね。」とアドバイスしましょう。

61 Sunday to Saturday, Happy!

★英語表現　曜日や月　★人数：6人～8人
★学年：中学年以上　★時間：10分　★準備物：ストップウォッチ

ゲームのねらい

　曜日や月の言い方は，子どもたちにとってなかなか覚えるのが難しいようです。これは数字の早回しゲームの応用ですが，失敗しても何度も繰り返し練習しながら，最後まで言い切ることができたときの達成感を味わいます。

✣手順

1 "Please make group circles."「グループで輪を作りましょう。」

　このゲームも6人～8人ぐらいのグループで行います。曜日のときは少なめに，月の名前のときは多めの方がやりやすいでしょう。クラスの実態に合わせて，人数の調整をしてみてください。

2 "Sunday." "Monday." "Tuesday." "Wednesday." …

　最初にスタートする子どもが誰かを指さして "Sunday." と言います。指さされた子どもは，別の子どもを指さして "Monday." と言います。以下も同じように，"Tuesday." から "Friday." まで続けます。

3 "Saturday." "Happy!"

　最後に "Saturday." と言って指をさされた子どもは何もしません。
　'Saturday' と指をさされた子どもの両隣の人が指をさされた子どもの方を向いて，万歳をして "Happy!" と言います。

曜日の言い方は難しいので，なかなか最後までうまくつながりません。最初はストップウォッチで時間を計り，最後までいく時間のタイムトライアルをしましょう。グループで協力して，できるだけ時間短縮をしましょう。

4 応用編（月の名前）

　曜日ができたら，次は月の名前で行います。やり方は同じで，'January'から'December'まで回し，"December"と指さされた人の両隣の人が"Merry Christmas!"と言って拍手をするようにします。
　これもグループが協力して，タイムトライアルにしましょう！

♥ 人間関係作りのポイント

　曜日も月の名前も，最初はなかなかうまく最後までいかないと思います。どうしたら全員がうまく言えるのか？　その対策をグループで話し合い，いろいろと試行錯誤して解決策を探すのが，この活動のミソです。

62 What's Missing? ②

★英語表現　各種語彙
★人数：大人数　★学年：全学年　★時間：10分　★準備物：絵カード

ゲームのねらい

　外国語活動では絵カードなどをたくさん使って，新出語彙を練習します。黒板に貼った絵カードの中から数枚を抜き，どのカードがなくなったのかを探します。集中力と，絵カードの英語を覚える2つの力が養われます。

♣手順

1 "Please look at these cards for 15 seconds."「15秒間見てください。」

　この活動は，新出語彙を導入したあとの活動として様々に活用ができます。導入した語彙の絵カードを黒板に10枚～15枚ほど貼ります。そして，15秒間ほど，絵カードを注視させます。

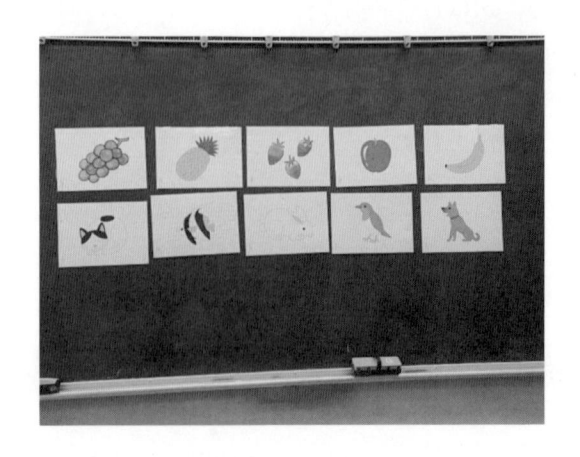

2 "Please close your eyes."「目を閉じてください。」

　次に目を閉じるよう伝えます。クラスや子どもたちの実態によって，目を開けてしまう場合には，後ろを向かせるなど工夫をします。その間に，先生は黒板に貼ってあった絵カードのうち数枚を取り去ります。

3 "Please open your eyes. What are missing?"

　次に目を開けるように伝えます。黒板の絵カードのうち，どれがなくなったかを子どもたちに見つけるよう言います。
　慣れてきたら，取り去るカードの枚数を増やしていってもいいです。また，最初に見せて覚えさせる時間を減らしても難しくなります。
　難しくなった場合は，グループ対抗戦として，グループの仲間同士協力して覚えるなどしても楽しいです。

4 応用編

　子どもたちの実態に応じて，文字を導入しているクラスでは，文字のカードを数枚混ぜるなどしてもよいでしょう。
　また，減らすだけでなく，他のカードを増やしたり，違うカードに入れ替えたりして間違い探しのゲームにしても楽しいです。

♥人間関係作りのポイント

　この，ミッシング・ゲームも外国語活動でよく使われるゲームの一つです。一人で語彙の定着の練習をするのもよいですが，上のように，グループで協力して行えば，人間関係作りの要素も取り入れられます。

63 記憶のチェーン

★英語表現　各種語彙
★人数：4，5人　★学年：全学年　★時間：10分　★準備物：小カード

ゲームのねらい

記憶には長期記憶と短期記憶があります。学習したことを長期にわたり覚えておく長期記憶も大切ですが，聞き取り能力にすぐれた小学生には，その場で言われた英語をさっと覚える短期記憶を鍛えておくことも大切です。

✤手順

1 "Please make groups of 4."「4人組を作りましょう。」

グループで協働学習を行う場合には，全員が手を伸ばして握手することができる距離，すなわち4人程度が適切であると言われます。しかし，クラスサイズによっては，多少の増減があっても構いません。

2 "Please use one set of the cards."「グループで1セット用意します。」

このゲームはトランプ大のカードを用います。テーマは，数字，食べ物，教科，色，アルファベットなど何でも構いません。高学年であれば，絵だけでなく，裏面に単語を書いたカードも活用できます。

3 "Please put the cards on your desks."「言った通りに並べてね。」

　先生は，上のように言ったら，間髪を入れず，「2，4，5，6，9，8，0，1，3，7」と早口でランダムに英語を読み上げます。
　子どもたちからは「え〜っ！」とか「速すぎるよ！」と声が上がります。
　先生は「どうして欲しいのかな？」と尋ねます。
　子どもたちは「もっとゆっくり！」と言うので，先ほどよりは，少しゆっくり，でも連続でさっと読みます。

4「どうしたらうまく聞き取れるか，グループで相談してみましょう。」

　実は，この活動のメインはこの部分にあります。つまり，一人で聞き取れないとき，どうやってみんなで協力するかが大切なのです。
　前半，中間，後半などと聞き取りを担当するポイントを分担するとよいことに気づきます。

♥人間関係作りのポイント

　一人ではできないことでも，みんなと一緒ならできるかも知れません。それが協働学習のポイントです。これからの世の中，一人で解決できることは限られています。人と力を合わせて解決する力が必要なのです。

64 Who Am I?

★英語表現　can
★人数：大人数　★学年：高学年　★時間：15分　★準備物：インタビューシート

ゲームのねらい

外国語活動のまとめでインタビュー活動をすることがあります。インタビューをそれだけで終わらせてしまってはもったいない！　そこでインタビューシートを使って，こんなゲームにしてみました。

✤手順

1 "○○ san, can you play kendama?" "Yes, I can. / No, I can't."

　canの単元のまとめとして，右のようなインタビューシートを使いインタビューをします。

　テキストにあるインタビューシートでもよいですが，一つ，オリジナルな質問を加えると，あとのゲームで予想がしやすくなります。

2 "Please collect your interview sheets."「シートを集めてください。」

　インタビューシートを再利用してゲームをします。

　活動後のインタビューシートを子どもたちから回収します。回収後よくシ

| Can Can't インタビューシート |
| 年　組　名前（　　　　） |

*できるものには　○　，できないものには　×　を書きましょう。

	自分	さん	さん	さん
1				
2				
3				
4				
5 (自分で考えて聞こう)				

*インタビューをしてみて，思ったことや感じたことをふり返ろう！

ャッフルします。

3 "Please guess, 'Who am I?'"「私はだれでしょう？　当ててね。」

　先生は上のように言い，最初は男女のヒントを与えます。"I am a boy."
　次にインタビューシートに書かれた情報の中から"I can play baseball."などの英文を３つ選んで読み上げます。
　最後に"Who am I?"と言って，そのインタビューシートの持ち主を当てるクイズを出します。

4 "Are you ○○ san?" "Yes, I am. / No, I am not."

　先生が言った，男女のヒントやインタビューシートに書いてあった「できる，できない」のヒントを参考に，それが誰のことであるのか考えます。
　答えがわかった子は上のように言い，先生は正解か，不正解かを言います。
　情報が少ないとわかりにくいので，その子どもに特有のヒントを一つ付け加えると面白くなります。

　例) I don't like tomato.
　　　I can make cookies.
　　　I can move my ears.
　　　I can eat hachinoko.（蜂の子）
　　　I can sing AKB songs.

💛人間関係作りのポイント

　インタビュー活動の際，インタビューシートを埋めて早く終わらせたい一心で，相手の話をよく聞かない子どもがいます。時折，このようなゲームを行うと，インタビューをよく聞こうとする子どもが増えるようです。

65 頭上で What's This?

★英語表現　What's this?
★人数：6人程度　★学年：全学年　★時間：10分　★準備物：絵カード

ゲームのねらい

この What's this? ゲームは missing game 系の活動です。他人の絵カードを見た瞬間に，自分の絵カードが何であるか見破るゲームです。絵カードの記憶力だけでなく，思いついた単語をさっと言う英語の瞬発力が試されます。

手順

1 "Please repeat after me."「あとに続いて言ってください。」

グループの人数分の絵カードを用意します。6人グループであれば6枚の絵カードを用意します。それらの絵カードをスムーズにフラッシュさせながら，2，3回リピートさせて覚えてもらいます。

2 "Please make a circle."「全員で輪を作ります。」

全員，輪になって座ります。先ほどの絵カードを裏向きで一人に1枚ずつ配ります。

次に子どもたちは，絵カードの両端を持ち，頭上に掲げて持ちあげる準備をします。

3 "One, two." "What's this?"

先生の "One, two." のかけ声のあと，子どもたちは声をそろえて "What's this?" と言い，同時に自分の絵カードを頭上にあげます。

絵カードをあげるとき，自分の絵カードを見ないように，手をまっすぐ，耳の横に伸ばしてあげましょう。

　友達の絵カードをよく見ると，1枚だけない絵カードがあるはずです。それが自分の絵カードです。

4 "I know!"「わかりました！」

　自分の絵カードがわかった人は，"I know!"と言いましょう。先生が指名し，答えを言います。

　一番最初に，自分の絵カードを言い当てた人の勝ちです。お手つきは1回休みなど，ルールに工夫をするのもいいですね。

♥人間関係作りのポイント

　自分の絵カードは何だろう？と目をこらして探している間に，実はお互いの顔も見ているはずです。ゲームを通じて，自然にアイコンタクトの練習ができ，シャイな子どもも，友達の顔を見ることができるようになります。

66 ABCみっけ！

★英語表現　アルファベット　★人数：4，5人
★学年：中学年以上　★時間：10分　★準備物：新聞紙，ホワイトボード

ゲームのねらい

　小学生の子どもたちは，ごちゃごちゃした絵の中から，特定のものを見つけ出す「みっけ」が大好きです。その「みっけ」を英語に応用しました。新聞紙などに書かれているアルファベットを見つけるゲームです。

❖手順

1 "Let's sing the alphabet song!"「アルファベットの歌を歌いましょう！」

　アルファベットの復習をする活動をしてからゲームを行います。単にカードでアルファベットを読ませるのではなく，歌やチャンツを口ずさんだり，「**42**　ABCおしリレー」(p.92参照) 等のウォーミングアップをします。

2 "Please make group circles, and sit down."「輪になって座ります。」

　4，5人のグループごとに輪になって座ります。教室など机のある場所ならば，机をグループ隊形にします。
　グループの代表に，新聞紙とホワイトボードなどの材料を取りに来てもらいます。

3 "Let's find alphabet letters!"「アルファベットを見つけましょう！」

　各グループに新聞紙を1枚配布します。みんなで協力して，新聞紙などの全面からアルファベットを探します。

アルファベットを見つけたら，新聞紙にペンで○を打ちます。次にその文字をよく見ながらホワイトボードに記入します。記入する際は，時計回りで全員一文字ずつ書くようにします。ゲームの制限時間は記入する時間を含め5分間です。

4 "Let's check your answers."「答え合わせをします。」

グループごとに，ホワイトボードに書いたアルファベットを声を合わせて読み上げます。

先生は○を付けた新聞紙を見ながら，正しくアルファベットが書かれているか，余分なアルファベットが書かれてないかチェックします。

♥人間関係作りのポイント

このゲームは仲間で協力することが大切です。みんなで力を合わせてアルファベットを見つけ，それをきちんと書き写すには，仲間の手助けが必要です。振り返りではグループ内の協力について考えさせましょう。

67 ABCエスパー！

★英語表現　アルファベット
★人数：大人数　★学年：高学年　★時間：15分　★準備物：絵カード

ゲームのねらい

　高学年になると，英語の文字に興味を持ち始める子どもが増えてきます。単語や英文の読み書きまでは必要ありませんが，少なくともアルファベットを見て，その形や読み方に慣れ親しませる活動を十分に行いたいものです。

✤手順

1 *"I have a picture card here."*「ここに絵カードがあります。」

　この活動は，アルファベットの大文字や小文字に十分慣れ親しんだ頃に行います。

　先生は，ある単語と絵がかかれたカードを，子どもに見られないよう裏向きで持っています。

2 "Please imagine what alphabets are here."

絵カードにあるアルファベットを想像して一つずつ言わせます。
子どもたちは，"A?"，"C?" など，思いついたものを言います。
先生は "Yes, that's right." や，"No, sorry." など答えます。

3 "Let's read alphabet letters."「アルファベットを読みましょう！」

　すべてのアルファベットの正解が出そろったところで，絵カードを見せながら全員で読みましょう。
　1回目は，アルファベット読みで，"C" スィー，"A" エイ，"T" ティーのように読みます。
　2回目は，できればフォニックスを利用して"C" ク，"A" ェア，"T" トゥのように読みます。
　3回目は，単語として "CAT" キャ（トゥ）と読みます。読みの練習は，くどくど行わず，英語の音への気づきを深められるよう，さらりと行いましょう。

4 "Any volunteer?"「誰かやってくれる人？」

　2回目からは，先生の役を子どもたちの代表に出て来てやってもらいます。
　子どもたちも，自分が出題者になることで，より音への気づきを深められます。

♥ 人間関係作りのポイント

　このゲームでは，アルファベットの読み自体を目標にしているわけではありません。前に立った人が，どんなアルファベットを持っているのかなと思いを寄せて，みんなの意識をそこに集めることが大切なのです。

68 Don't Say Z!

★英語表現　アルファベット
★人数：2人～大人数　★学年：高学年　★時間：10分　★準備物：なし

ゲームのねらい

このゲームは「58　Don't Say 25!」(p.124参照)のアルファベットバージョンです。Aから順番にアルファベットを言っていくだけですが，なぜか，いつも先生が勝つのが悔しくて，子どもたちは何度もアルファベットを繰り返そうとします。

❖手順

1 "Let's play 'Don't Say Z' game!"「Zを言っちゃだめよゲーム！」

この活動は，数字の単元で「58　Don't Say 25!」をやっていれば上のような指示だけでやり方はわかります。

ここでは，先生対子どもたちで行います。一度に連続したアルファベットを4つまで言えます。

2 "Please go first!"「お先にどうぞ！」

子どもたちから先に言わせます。1班の子どもたちが"A, B, C."と言います。先生は"D, E."と言います。

実は，子どもたちに主導権を持たせたようですが，後攻の方が圧倒的に有利なのです。

3「先生が勝つ理由がわかった人は，先生に内緒で教えてね！」

　以降，同じように2班の子どもたちが"F, G."と言います。先生は"H, I, J."と言います。これを繰り返していき，最後に"Z."を言った方が負けです。

　しかし，何度やっても先生が勝つので，だんだん理由に気づく子どもが出てきます。そのときは，上のように言います。

　理由がわかった人が増えてきたら，その子どもたちを「ミニ先生」にして小グループでやってみても楽しいです。

4 たねあかし

　アルファベットは26文字あるので，5の倍数になるように切って考えます。子どもが"A, B, C."と言ったら先生は"D, E."で止めます。以降5で切っていけば最後のZは必ず子ども側に来ます。子どもに先に言わせるのはそのためです。

```
ABCDE／
FGHIJ／
KLMNO／
PQRST／
UVWXY／
Z／
```

♥ 人間関係作りのポイント

　何度やっても勝てないと，嫌になってしまう子どもがいます。このゲームはあまり長く続けず適当なところで中断するか，「25と言ったら勝ちよ」にして，時々子どもに勝たせてあげるのも「武士の情け」です。

69 スペリングリレー

★英語表現　アルファベット
★人数：大人数　★学年：高学年　★時間：15分　★準備物：絵カード

ゲームのねらい

このゲームはアルファベットを「書く」活動です。しかし，小学校段階では単語や英文を正確に書くのではなく，ゲームを楽しみながら「よく見て書き写す」程度にとどめるべきです。あくまでも文字は補助的な手段です。

✤手順

1 "What's this?"（リンゴの絵カードを見せて）"It's an apple."

子どもたちがアルファベットの大文字・小文字の文字の単元を学習し終えた頃に行います。

先生は，上のように言って，黒板に'apple'と書きます。大文字だけで書いてもいいです。

2 "Please copy these letters."「この文字を写してください。」

　教室の座席の縦列で競争します。各列の最初の人は，先生の手本をよく見て'a'だけ書きます。
　チョークをバトンに見立て，2番目の人に変わります。2番目の人は'p'だけを書きます。

3 "Time is up!"「時間です！」

　以下，同じように3番目以降も順番にスペリングリレーを繰り返します。
　制限時間は5分間です。時間内に，できるだけ正確に，たくさんのアルファベットを写したグループが勝ちです。
　時間になったら，先生はすべてのグループのスペリングをチェックし○をつけ，点数を発表します。

4 書くことが苦手な子がいたら。

　中には，まだ英語を書くことが苦手と感じている子どももいます。そんな子どものために，2人一組のリレーで行ってはどうでしょう。
　縦列を2つ組み合わせ，2人一組でリレーします。チョークを2人で運び黒板に書くときも，2人でチョークを持って書かなければなりません。手を離して書いたスペリングはNGです。

♥ 人間関係作りのポイント

　文字に関しては，塾など学校外で学習している子どもが優位になる傾向があります。そこで，上のようにペアで行うゲームにしてみました。2人で一緒に行うことで協働性が生まれ，温かい雰囲気に包まれます。

70 イロイロカード

★英語表現　色　★人数：4人
★学年：全学年　★時間：10分　★準備物：色カード，ホワイトボード

ゲームのねらい

英語での色の言い方は日本語になっているものがあり，どの学年の子どもも親しみやすい活動です。このゲームは，様々なパターンの色カードを短時間で記憶し，それを英語で言うという究極の？記憶力ゲームです。

♣手順

1 "What color are these?"「何色でしょう？　言わないで覚えてね。」

先生は，子どもたちに向かって，上のように言います。そして，右のような色のカードを裏向きで黒板に貼ります。左のカードから順番に子どもたちに見せます。見せるのは「さっ」と一瞬で見せます。

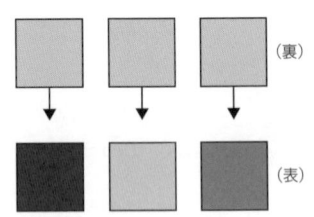

（裏）
（表）
赤色カード　黄色カード　青色カード

2 "What color are these?"「何色でしょう？　文字の色を答えてね。」

次に別の種類の色カードに変えて行います。低学年で行う時は，漢字でなく，ひらがなで書きます。

1の手順と同じように，左から裏を向けておいた色カードを，順番にさっと見せて，英語で答えを言わせます。

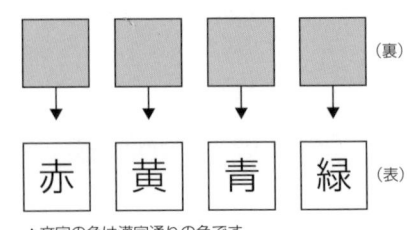

（裏）
赤　黄　青　緑　（表）
＊文字の色は漢字通りの色です。

3 "What color are these?"「何色でしょう？　文字の色を答えてね。」

さらに，色カードを変えて，先生は子どもたちに上のように尋ねます。

2と違うのは，色カードに書いた漢字の色を覚えて言うのですが，漢字の方に気を取られて，なかなか覚えられないことです。

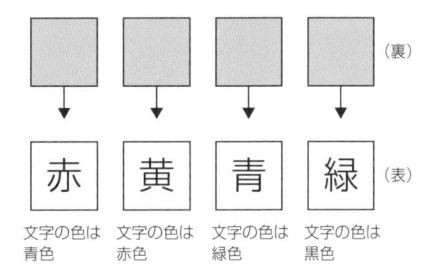

赤	黄	青	緑 |（表）
文字の色は青色	文字の色は赤色	文字の色は緑色	文字の色は黒色

子どもたちが「わかりません。」と言ったら"One more time, please."と言うように促します。

4 「次はグループ対抗で行います！」

以上は練習です。全員がルールを十分理解したら，グループ対抗戦で行います。

グループで行うときは，色カードの数を6枚以上にします。

先生は6枚の色カードを順番に「さっ」と見せて，答えをホワイトボードに書かせます。

黄	白	黒	赤
文字の色は青色	文字の色は赤色	文字の色は緑色	文字の色は黒色

緑	桃
文字の色はオレンジ色	文字の色は茶色

子どもたちは，1班から順番にホワイトボードに書いた答えを読みます。全員が言ったあとで，先生は正解を発表します。

♥人間関係作りのポイント

このゲームのポイントは，グループの中でどうやって協力するかを考えさせることです。うまくいかないときは，時間をとって「グループで作戦を立ててごらん。」と話し合いをさせ，もう一度ゲームを行います。

Chapter4　行事にあわせてできるゲーム

71　だるまさんもどき
〜数の言い方〜

★英語表現　How many apples?　Three apples. Well. など　★人数：大人数
★学年：中学年以上　★時間：15分　★準備物：フラフープ大，絵カード

ゲームのねらい

「だるまさんが転んだ」という遊びを，英語バージョンにしたイメージです。オニは"Well."と言いながらみんなをできるだけ近くに引き寄せましょう。他のみんなは，ドキドキしながら，数を尋ねる言い方の練習ができます。

❖手順

1 "Let's make a big circle."「大きな輪を作りましょう！」

友達とぶつからないよう，体育館や校庭などの広い場所で行いましょう。オニは，最初は，先生が行います。オニは，みんなが作った輪の中心にフラフープを置いて，その中に立ちます。

2 "How many apples?" "Well, well, …."「リンゴはいくつ？」「えーっと」

オニはリンゴの絵カードを持ちます。子どもはオニに向かって，大きな声

で尋ねます。オニが"Well."と言った数だけ子どもは，そっと歩いて前進します。「オニは，最高4回まで"Well."と言っていい」などルールを決めましょう。

3 "How many apples?" "Three apples!"「3つだよ！」

オニは，何度か"Well."と言って，他の子どもをできるだけ近くに引き寄せます。何度か続けたあとオニが，上のように，ある数（1～10）を言います。

他の子どもは，数を聞いたら早足で逃げます。オニが"Stop!"と言ったら，他の子どもは，その場で立ち止まります。

4 オニは，誰かを捕まえ，次のオニに交代します。

オニは，自分が言った数だけ，好きな方向に大股で進み，近くにいる子どもにタッチします。オニが，大股でステップするときに，周りの子どもが，"One, two, three."などとかけ声をかけると盛り上がります。タッチされた子どもが次のオニになります。

子どもたちが，オニに近づきすぎると転倒の危険などが考えられます。それを防ぐため，オニが立っているフラフープに，一番近くの子どもが触れたら，全員が最初の場所に戻るようにするとよいでしょう。

フラフープにタッチした子どもは，大きな声で「タッチ！」と言います。その場合，オニは交代せず，もう一回行います。

♥人間関係作りのポイント

動きの大きなゲームは，安全性に十分配慮して行う必要があります。子どもたちに，「どういうルールにしたら，安全にできるかな？」とルールを考えさせるのも，安全に楽しく行うための方法です。

72 進化じゃんけん

★英語表現　How are you?　I'm happy. など
★人数：大人数　★学年：中学年以上　★時間：15分　★準備物：なし

ゲームのねらい

「進化じゃんけん」というゲームを，英語バージョンに改造したものです。じゃんけんという偶然性により，誰もがチャンピオンになれるゲームです。ジェスチャーを大げさにやることで自己開示の練習にもなります。

♣手順

1 "I'm sad."「悲しいときはどんなジェスチャーだったっけ？」

　以前にジェスチャーを使ったゲーム「**19**　伝染るんです！」（p.46参照）をやっている場合には簡単に，ジェスチャーのやり方を復習します。行うのは，sad, hungry, fine, happy の4つです。できるだけ大げさにやるのが重要です。

2 「最初は全員が，I'm sad. から始めます。」

　"I'm sad." と言いながらジェスチャーをして，教室内を歩き回ります。
　出会った人と英語でじゃんけんをします。勝った子は，'I'm hungry.' に進化します。負けた子は，'I'm sad.' のまま sad の友達を捜し，じゃんけんをします。

3 「勝ったら一つ上に進化，負けたら一つ下に退化します。」

　勝った子は，"I'm hungry." と言いながら，同じ hungry の友達を見つけ

て再び，じゃんけんをします。
　勝った子は'I'm fine.'に進化します。負けた子は'I'm sad.'に戻り，同じsadの友達を見つけます。
　同じ気分の友達が見つけやすいように，ジェスチャーを大げさにするとゲームが盛り上がります。

4 「I'm happy. になったら自分の席に戻ります。」

　'I'm fine.'の子ども同士がじゃんけんをして，勝った子は'I'm happy.'になり，自分の席に戻ります。
　このようにして，同じジェスチャー同士，じゃんけんを繰り返します。'I'm happy.'になった子は，席に戻らず，ひたすらじゃんけんをして，他の人を助けてあげるルールにしても楽しいです。

♥人間関係作りのポイント

　このゲームのようにルール説明が複雑な場合は，事前に，日本語で，「進化じゃんけん」をやっておくと，英語のルール説明がわかりやすくなります。複雑なルールを，すべて英語で説明する必要はありません。

73 集まれ，パンパン！

★英語表現　What color do you like? など
★人数：大人数　★学年：全学年　★時間：10分　★準備物：特になし

ゲームのねらい

　外国語活動のゲームは，楽しく繰り返すことで，語彙や表現を体験的に学ぶことができるよう考えられています。このゲームは，そこに構成的グループエンカウンターの要素を取り入れて人間関係作りの活動にしてみました。

✤手順

1 "What color do you like?"「どんな色が好きなの？」

　まず，定着させたい表現を使い，先生が数人の子どもに英語で質問します。このとき，「なぜその色が好きなのかな？」などと理由を日本語で言わせるようにすると次の活動に，スムーズにつながります。

> T：Goro, your T shirt is purple. Do you like purple?
> C1：Yes. I like purple.
> T：What color do you like, Megumi?
> C：I like pink.
> T：Why pink?　どうしてですか？
> C：かわいいもん。
> T：I see. What color do you like, Tsuyoshi?（続けて聞いていく）

2 "What color do you like?"「今度は，同じ色が好きな人で集まってください。」

　今度は，自分の好きな色を英語で"I like red."のように言いながら，同じ好きな色の人同士で集まって座ります。低学年で行う場合，あらかじめ色ごとに集まる場所を決めておくとよいでしょう。

3 "What color do you like?"「パン・パン（手拍子）」

　次は，英語の質問のあとで，先生が手をたたきます。例えば，「パン・パン」と2回手をたたいたら，好きな色同士，2名でさっと集まりグループを作り座ります。全員が座ったあとで，各グループに，なぜその色が好きなのか話し合わせ，意見をみんなに紹介しシェアリングします。

4 アレンジ（応用編）

　色で何回か行ったら，次は what のあとに別のものを付けて尋ねてみましょう。例えば shape, sport, animal など，子どもたちの実態に応じて，尋ねるものや，集まる人数を調整します。
　このゲームのポイントは，英語の表現を覚えるだけでなく，同じものが好きな友達が集まって，その理由を交流し，考え方の多様性を学ぶことです。

♥ 人間関係作りのポイント

　理由を話し合うときに注意することがあります。それは，無理に発言させないことです。発言を強いると，自己開示をすることを恐れてしまいます。「パス」も認め，他の人の意見を参考にしてもよいことにします。

74 ドキドキ・ネームコール

★英語表現　道案内
★人数：5人　★学年：中学年以上　★時間：15分　★準備物：特になし

ゲームのねらい

新学期が始まって，しばらくした頃に，このゲームをやってみましょう。目の前に現れた友達の名前を突然に言わなければならない，スリルと緊張感で，クラスの友達の名前もすぐに覚えられるかも知れません。

♣手順

1 "Please make groups of 5." 「5人一組になってください。」

このゲームは5人一組で行います。下のイラストのように1番の人に向かって，周りを取り囲むように立ちます。

もし，4人で行う場合には，5番の人はなしで行います。できるだけ，仲良しグループでないようにします。

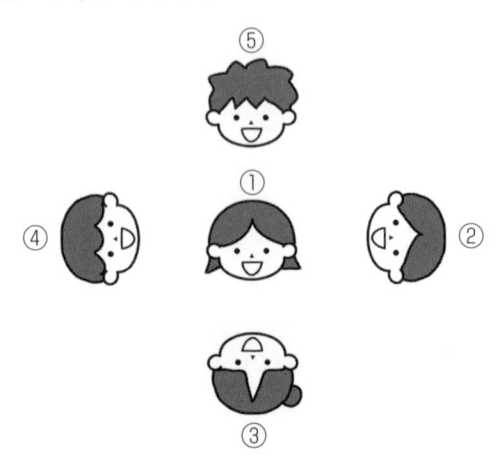

2 "No.1. Please raise your hands."「1番の人，手をあげてください。」

　それぞれの位置の役割を確認します。1番の子どもは，先生の英語の指示に従って，道案内ゲームのように方向を変えて動きます。他の子どもたちは，中心を向いて目を閉じてじっと立ったままです。

3 "Go straight." "Turn right〔left〕."

　子どもたちは先生の道案内の英語を繰り返して言います。
　先生が "Stop." と言ったら，1番の子どもは立ち止まり，それ以外の子どもは目を開けます。1番の子どもと，向かい合った子どもは，お互いの名前を「〇〇さん！」と言います。相手の名前を早く言った人の勝ちです。
　1番が勝ったら，相手の人と中心の役割を交代します。1番が負けたら，交代せずに続けます。

4 応用編

　次に，1番が目を閉じて，あとの人が目を開けたままゲームを行うと1番の子の難易度が上がります。
　さらに，全員が目を閉じて行うようにすると，いっそう難易度が上がり，ドキドキ感がアップします。

♥人間関係作りのポイント

　このゲームは，友達の名前をだいたい覚えた頃に行うと効果的です。
　仲間の名前を覚えたつもりでも，ぱっと目を開けた瞬間に，相手の名前を言うのは意外に難しいものです。楽しみながら名前が覚えられます。

75 スイカわり道案内

★英語表現　道案内　★人数：大人数
★学年：中学年以上　★時間：15分　★準備物：ビーチボール，新聞紙

ゲームのねらい

　夏休み前のお楽しみ会などでレクリエーションゲームをすることがあると思います。このゲームは，道案内の表現を使いながらスイカわりをするゲームです。英語の学習にも，お楽しみ会のゲームなどにも使えます。

♣手順

1 "Please put your things away."「持ち物を片付けましょう。」

　教室で行う場合は，机を町のブロックに見立てて，通路の間を歩きます。個人の持ち物につまずいて，転んだりすることがないように，椅子も机の中に入れ，安全確保をします。また，体育館などで行うときには，椅子だけを並べて行います。

2 "Please sit down."「座ってください。」

　全員，教室の周りをぐるっと囲むように座ってもらいます。机だけが並んだ空間が真ん中にできます。ここが，スイカわりのフィールドになります。

3 "I need two volunteers."「誰か2人ボランティアしてくれる人。」

　先生は2人のボランティアを募ります。一人は目隠しをされスイカわりをする人，もう一人は安全のためにスイカわりをする人を助けてあげる人です。

スイカわりをする人は，新聞紙を丸めて作った棒を持ちます。スイカわりを助けてあげる人は，写真のように目隠しをします。

　先生は，スイカに見立てたボールを置きます。転がらないよう，空気が抜けたビーチボールを使ってもよいでしょう。

4 "Go straight." "Turn right (left)." "Stop."

　周りに座っている人たちが上のように言いながら，スイカわりをする人を誘導します。

　補助の人は，行く手に机など，危険なものがあるときは，ポンポンと肩をたたくなどして安全に心がけます。

♥人間関係作りのポイント

　このゲームは，前出の「**22**　ブラインド・ウォーク」(p.52参照) や「**74**　ドキドキ・ネームコール」(p.156参照) のゲームを十分に行い，道案内の表現に十分慣れ親しんでから行います。また，体育館などの広い場所で行うときにも，安全面に十分注意して行うようにしましょう。

76 道案内オニごっこ

★英語表現　道案内
★人数：大人数　★学年：中学年以上　★時間：15分　★準備物：ビブス

ゲームのねらい

道案内をする表現を使って，鬼ごっこをします。鬼ごっことは言っても，走り回るのではなく，歩いて動くので，比較的安全に活動できます。念のため体育館などの広い場所を確保して行うようにしましょう。

♣手順

1 "Boys, you are Oni." "Girls, you escape."「男子がオニ，女子が逃げます。」

体育館などの広い場所で，全員がばらばらになるように広がって立ちます。できるだけ，男女が入り交じるように分散して広がるようにすると，ゲームのドキドキ感が増します。

2 ゲームの進め方①

先生が道案内の言い方で，"Go straight." "Turn right〔left〕."のように英語を言います。
子どもたちは，全員，先生の言った英語を繰り返し言いながら，指示通りに動きます。

3 ゲームの進め方②

先生が"Stop."と言ったら，男子は，近くにいる女子にタッチします。男女とも，走って追いかけたり逃げたりしてはいけません。

160

女子は，近くの女子を見つけて手をつなぎ，2人一組のペアになれたら，タッチされても捕まりません。
　オニに捕まった女子は，所定の場所に座って待ちます。捕まらなかった女子は，ゲームを続けます。

4 ゲームの進め方③

　女子が少なくなってきたら，ゲームを一旦中断し，全員，ゲームを始めたときのように広がります。
　今度は，男女の役割を交代し，女子がオニになり，男子が逃げる役になります。男女混合で行う場合は，オニがわかりやすいようビブスを使います。

♥人間関係作りのポイント

　このゲームも，男女の性差を意識するようになってきた高学年のクラス作りに有効です。ゲームの中で自然と男女がふれあう機会が持てるからです。走らないので，激しい動きが苦手な子どもも参加できます。

77 イロイロ・ボーヤ

★英語表現　色
★人数：大人数　★学年：全学年　★時間：15分　★準備物：なし

ゲームのねらい

英語のゲームをする際，日本語ですでに子どもたちが慣れ親しんでいるものを活用すると説明の手間も省けます。この「イロイロ・ボーヤ」も色オニと言われるゲームを英語版にアレンジしたもので低学年からできます。

手順

1 "What color do you like?" "I like red."「何色が好きですか？」「赤が好き。」

子どもたちが着ている服などを指さしながら，先生は上のように尋ねます。「そっかぁ，そう言えば○○○くんは赤のTシャツをよく着ているよね。」など，日本語でのインタラクション（やりとり）も入れます。

> T : What color do you like, Hiroshi?
> C : I like orange.
> T : そうだよね。Hiroshiくんはよくオレンジの服を着ているね？
> 　　What color do you like, Kayo?
> C : I like black.
> T : Kayoさんは，黒が似合うよね！
> 　　What color do you like, Ayaka?（続けて聞いていく）

2 ゲームの進め方①

まず，先生がオニになります。子どもが"What color do you like?"と尋ねます。オニは"I like red."等と答えます。子どもたちは，教室内にある何か赤いものを見つけて触るまで"Red, red."と言い続けます。

3 ゲームの進め方②

オニも"Red, red."と言いながら，逃げる子どもたちを追いかけます。子どもたちが，教室内にある，何か赤いものにタッチする前に，オニが子どもを捕まえたら，オニの勝ちです。

逆に，オニにタッチされる前に，教室内にある，何か赤いものにタッチできたら，子どもの勝ちです。

オニにタッチされた子どもの中から，じゃんけんで一番勝った子どもが，次のオニになります。

4 応用編

表現に慣れてきたら，オニの答え方に工夫を加え"I like red and blue."等のように，色を2色の混色にします。

子どもの方は"Purple."と言いながら，紫色のものを探すようにすると，頭を使い，よりスリリングになります。

♥人間関係作りのポイント

ゲームをするとき，色をタッチするものを子どもたちの身につけているものに限定すると，ふれあいが生まれ，人間関係作りの要素が増します。ただし，身体接触をいやがる子どもがいるときは配慮が必要です。

78 世界の国からこんにちは！②

★英語表現　世界のあいさつ
★人数：大人数　★学年：全学年　★時間：15分　★準備物：なし

ゲームのねらい

世界のあいさつの勉強は，子どもたちが大好きな単元です。いろいろな国のあいさつのしかたを，ゲームをしながら楽しく学習し，英語以外の様々な言語や文化にも関心を持ってもらいたいと思います。

手順

1 "Let's make a big circle!"「大きな輪を作りましょう！」

全員で大きな輪（地球）を作り，中心を向いて立ちます。最初は，先生がオニになります。オニは輪の周りを右回りで歩きながら，Aくんの背中をトントンとたたき，世界の国のあいさつ「ニーハオ」と言います。

2 ゲームの進め方①

その後，右のように，Aくんは左回りに，オニは右回りに，輪の外側を早歩きします。走ってはいけません。そして，再び出会ったところで，先ほどオニに言われたあいさつで「ニーハオ」と言い握手をします。

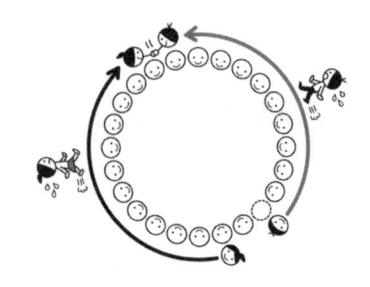

3 ゲームの進め方②

あいさつしたあと，またAくんは左回りに，オニは右回りに早歩きを続けます。

それぞれAくんがいた位置に向かって早歩きし，先にAくんのいた位置に戻った方が勝ちです。

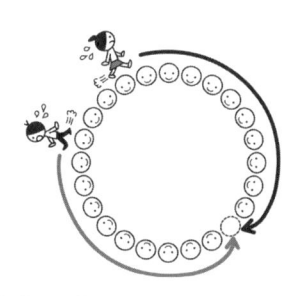

Aくんが先に戻ることができれば，オニはもう一度，オニになります。オニが先に戻ることができれば，Aくんが次のオニになります。

4 ゲームの進め方③

ゲームを行う際には，安全面に十分配慮します。できれば，体育館などの広い場所で行いましょう。また，輪が小さいと，衝突の危険性もあります。できるだけ大きな輪にしましょう。

慣れてきたら，オニの人数を2人に増やすとか，世界のあいさつの種類を増やすなどすると，よりスリリングで楽しくなります。

♥人間関係作りのポイント

このゲームの楽しさは，いろいろな国のあいさつが輪（地球）のあちこちで聞かれることにあります。勝ち負けにこだわるあまり走るなどの危険な行為があった場合は，先生がゲームを止め介入することも必要です。

79 オオカミさん,今何時?

★英語表現　時間
★人数：6人　★学年：全学年　★時間：15分　★準備物：なし

ゲームのねらい

時間の言い方,尋ね方の練習は,機械的な繰り返しになりがちです。そこで,日本の「だるまさんがころんだ!」のような遊びを応用し,英語版「だるまさんがころんだ!」のゲームにアレンジしました。

手順

1 "Please line up here."「ここに並んでください。」

体育館か外の,安全な広い場所で行います。バスケットコートぐらいの広さが必要です。オオカミから15メートル〜20メートルくらい離れたところに線をひいて,子どもを1列に,間隔をとって並ばせます。

2 子ども："○○ sensei, what time is it now?" 先生："It's three o'clock."

　先生がオオカミの役をします。子どもたちと，上のようにやりとりします。「だるまさんが転んだ」のように，オオカミは"One, two, three."と数え最後に振り向きます。そのとき動いた人はオオカミに捕まります。

3 子ども："○○ sensei, what time is it now?" 先生："It's lunch time!"

　2のように，やりとりを続けながら，子どもたちがオオカミに近づいてきます。ある程度近づいたところで，オオカミは上のように言います。

　子どもたちは一目散に，スタートラインの方に走ります。オオカミは3秒数えて"Stop."と言います。子どもたちは，その場で立ち止まります。

　オオカミが"It's lunch time!"と言う前に，子どもの誰かがオオカミに捕まった子どもに「タッチ！」しても全員逃げなければなりません。このときもオオカミが"Stop."と言います。

4 終わり

　オオカミは，最後に捕まえていた人の数だけ，大股で歩いて，その近くにいる誰かにタッチします。タッチされた人が次のオオカミになります。

♥ 人間関係作りのポイント

　教室を出ると，ゲームの最中に英語の要素がぬけてしまうことがあります。英語を使うときには，しっかりと元気よく英語を言いましょう。また，恥ずかしがらず，オーバーにオオカミさんの役をやりましょう。

80 What's This? 感じ

★英語表現　What's this?　★人数：5，6人
★学年：全学年　★時間：10分　★準備物：布の袋，ステープラーなど

ゲームのねらい

What's this? と尋ねるためには，話者が尋ねているものに対する情報が不足し，「何とか知りたい」という場面設定が必要になります。ここでは，袋の中にあるものを探っている人に「何ですか？」と聞く場面を設定しています。

♣手順

1 "I have something in this bag." 「袋の中に何か入っています。」

　給食の白衣を入れる袋のような，布の袋を用意します。その中に，教室内にあるものをこっそりしのばせておきます。
　あとで袋の外から触れるので，刃物など危険なものは避けてください。

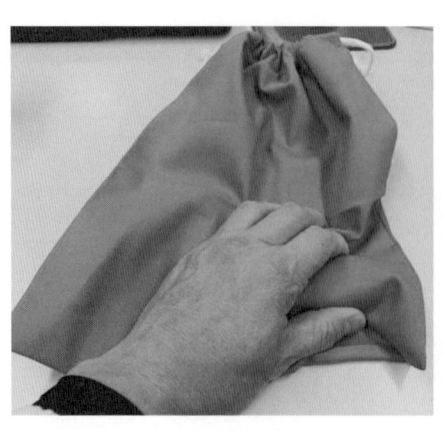

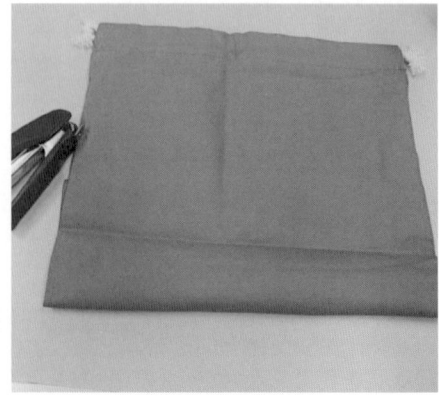

2 "Please touch it."「触ってください。」

　このゲームは，グループ対抗戦で行います。1グループは5，6人が適切です。進行役と計時役は先生です。

　まず，最初のグループの1番の人が袋に触れます。袋に触れられる時間は10秒間です。

3 "What's this?"「これ何ですか？」

　進行役の先生が，袋に触った1番の人に，上のように尋ねます。
　1番の人は，答えがわかったら "It's a pencil." のように答えます。
　正解ならば先生は "Yes, that's right." と言います。
　不正解だった場合は2人目に代わり，再び "Please touch it." から始めます。

4 勝敗の決め方など

　各グループ，何人目で正解を出すことができたか？で勝敗を決めます。同順位の場合は，答えを出すまでの時間が短い方の勝ちです。
　また，2チームが対戦し剣道の団体戦のように先鋒から大将まで勝ち抜き戦で戦い，大将が先に負けたチームの負けにする方法もあります。

♥ 人間関係作りのポイント

　この活動は，ややもすると，袋に触って中身を当てるというゲームがメインとなり，英語を使ってやりとりする本来の目的が忘れられがちです。"What's this?" の表現に慣れ親しむ活動であることを忘れずに！

81 What's This? におい

★英語表現　What's this?　★人数：5，6人　★学年：全学年
★時間：10分　★準備物：紙コップ，アルミホイル，果物，ホワイトボードなど

ゲームのねらい

What's this? シリーズは，いろいろなバリエーションが考えられます。これは，においから中に入っているものが何かを当てるゲームです。えっ，意外と思えるにおいがあり，子どもたちは楽しんで活動します。

✤手順

1 事前準備

紙コップに，クイズで使う材料を入れて，表面をアルミホイルで覆います。アルミホイルの表面に，小さな穴をあけます。ゲームの進め方によりますが，ここでは同じものをグループの数だけ用意します。

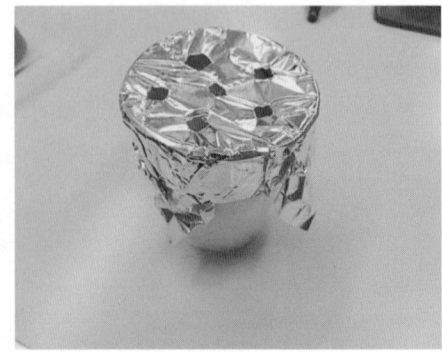

2 "Please smell it."「においをかいでください。」

このゲームは，グループ対抗戦で行います。1グループは5,6人が適切です。進行役と計時役は先生です。

まず，各グループの1番の人が同時に，においをかぎます。においをかげる時間は5秒間です。

3 "What's this?" "Please write your answers."「答えを書いてね！」

進行役の先生が英語で上のように言います。

紙コップのにおいをかいだ1番の人は，ホワイトボードなどに答えを記入します。

先生の"One, two, three!"の合図で一斉にホワイトボードをあげ，英語で"It's an apple."のように答えます。

当たっていれば，先生は"Yes, that's right."と言います。

4 勝敗の決め方など

各グループ，問題に正解した人の人数を合計していき，その数が多いグループの勝ちです。

正解でなくても，近い答えを書いた人に「おしい！」ポイントをあげるのも楽しいですね。

♥人間関係作りのポイント

紙コップの中に入れるものは，においのするもので，子どもたちの身近にあるものがよいでしょう。ただし，食物アレルギーや臭覚刺激などに敏感な子どもがいるので，事前のチェックや配慮が大切です。

82 はさみち案内

★英語表現　道案内
★人数：2人　★学年：中学年以上　★時間：15分　★準備物：風船（ボール）

ゲームのねらい

　道案内の表現を使って，2人の協力性が確認できるレクリエーションゲームを考えました。背中合わせになり，背中の間に風船かボールを挟みます。相手の動きも考えながら2人で協力して風船やボールを運びます。

♣手順

1 "Please make pairs."「ペアになりましょう。」

　このゲームは，安全上体育館か，運動場などの広い場所で行います。
　背中合わせに立ち，背中と背中の間に，風船かボールを挟みます。手をつないだり，腕を組んだりしてはいけません。

2 "Go straight. Turn right (left). Stop."「一歩前へ，右（左）へ，止まれ」

　まずは，ペアで練習です。2人で上のように道案内の言い方を英語で言いながら，風船やボールを運ぶ練習をします。このときに，横向きに歩いてはいけません。必ず，前向きか，後ろ向きで歩くのが決まりです。

3 "First 4 pairs, please come here."「最初の4ペアの人は来てください。」

　次のイラストのように，最初の4ペアがスタートラインに立ちます。いくつかの障害物をよけながら，自分たちの風船（または，ボール）を落とさないよう反対側のゴールまで運びます。

ゲーム中は，一切日本語を使ってはいけません。道案内の英語のみを使います。
　風船を途中で落とした場合は，その場で２人とも止まって手で風船を拾い上げ，再スタートします。

4 その他の工夫

　背中で風船を挟む以外の方法として，２人で横並びになり肩を組み頭と頭で挟んだり，お互い向かい合って，おでことおでこで挟んだりするなどの方法があります。

♥人間関係作りのポイント

　人間関係は「押し」と「引き」の絶妙なバランスで成り立っていると言われます。このゲームも，お互いに，相手の力加減を背中で感じ，それに自分の力を上手に合わせることでうまく運ぶことができるのです。

83 新聞 UFO！

★英語表現　道案内
★人数：5人　★学年：中学年以上　★時間：15分　★準備物：新聞紙

ゲームのねらい

このゲームも，道案内の表現を使ってグループの協調性を試すものです。新聞をくりぬいて作ったUFOに一人の子どもが乗り込みます。周りにいる4人のパイロットは新聞UFOを破らないよう慎重に操縦します。

♣手順

1 "Please make groups of 5."「5人一組になりましょう。」

5人一組ができたら，各グループに新聞（朝刊）を1部ずつ配ります。

メンバーで協力して，新聞を見開き1枚だけ取り出しUFOを作ります。

新聞の真ん中をドーナツ状に切り取り，人が一人入れるようにします。

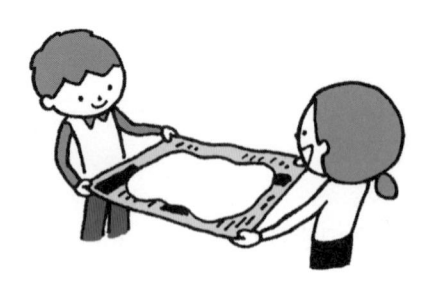

2 "Go straight. Turn right〔left〕. Stop."「一歩前へ，右（左）へ，止まれ」

穴を空けた新聞の中央に一人が入ります。あとの4人は，右のイラストのように，新聞紙の四隅を持ちます。

真ん中の人は英語で上のように指示をして操縦します。周りの4人は指示通りUFOを動かします。

3 "First 4 groups, please get set."

　右のイラストのように最初のグループが各スタートラインに立ちます。いくつかの障害物をよけながら、自分たちのUFOを壊さないよう、反対側のゴールまで操縦します。

　ゲーム中は、一切日本語を使ってはいけません。道案内の英語のみを使います。

　UFOが少しでも破れた場合は、もう一度新しいUFOを作り再スタートします。

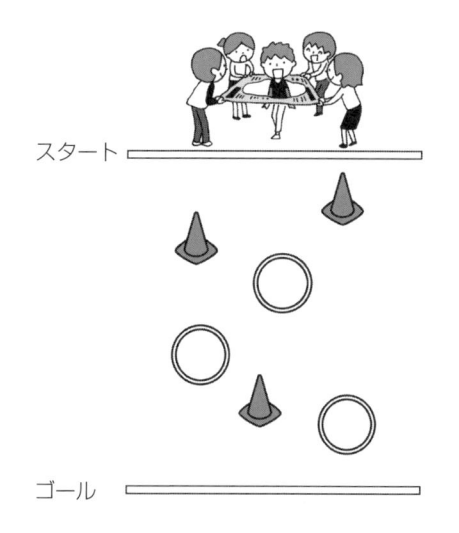

4 その他の工夫

　ゴールに向かって進むUFOを阻止しようとする宇宙人をつくり、コート内をウロウロと歩かせても面白いです。

　さらに、真ん中にいるパイロットに目をつぶらせ、UFOを持つ4人が英語で指示を出すのもスリリングです。

♥ 人間関係作りのポイント

　UFOの作り方で有利不利ができる場合もあるので、真ん中を切り取る大きさの型紙を配っておき、その大きさに新聞を切り取るのもよいでしょう。ゲームの前には、UFOの操縦指示の練習をすることも必要ですね。

84 鳥とキツネ

★英語表現　What time do you ～?
★人数：大人数　★学年：中学年以上　★時間：10分　★準備物：ぬいぐるみ

ゲームのねらい

What time do you ～?の単元は，時間の表現が難しかったり，動詞がたくさん登場したりするため，子どもたちが苦戦するようです。「鳥とキツネ」のゲームでドキドキ・ハラハラしながら，繰り返し練習をしましょう！

♣手順

1 "Please make a big circle."「大きな輪になってください。」

全員で輪を作り立ちます。まず，鳥はキツネに食べられないよう逃げなければなりません。

鳥は空を飛べるので，相手にそっと投げて飛ばします。"Taro-kun, please."と相手の名前を呼んで投げキャッチできたら移動成功です。

2 "What time do you get up?"「何時に起きますか？」

次は，キツネの移動練習です。キツネは右か左かどちらか1つしか動けません。キツネを持った人は，左右どちらかにいる人に，上のように尋ね，相手が時間を正しく答えたらキツネが移動できます。

3 "Let's play a bird & fox game."「鳥とキツネゲームをしましょう。」

最初は，鳥が一羽，キツネが一匹から始めます。次のイラストのように，鳥とキツネは反対側からスタートします。

鳥はキツネに食べられないように飛んで逃げます。しかし，相手がキャッチできなかったときは，鳥は投げた人が拾いに行き，もう一度誰かに投げます。

　キツネは，鳥を食べられるよう，できる限り素早く会話をして左右に回します。

　キツネが鳥に追いついて「がぶり」と食べたらゲームオーバーです。

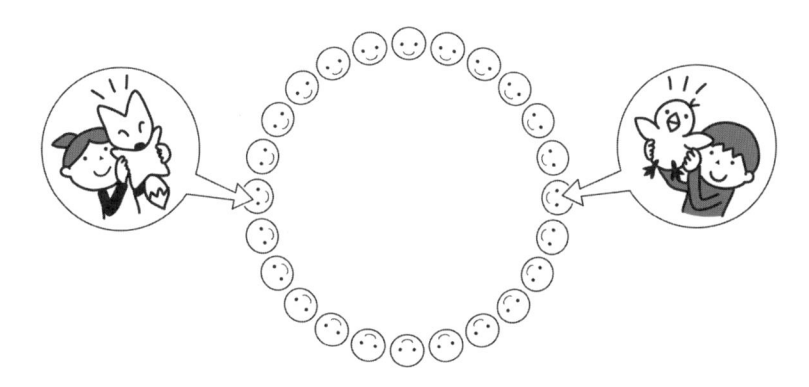

4 応用編

　慣れてきたら，鳥やキツネの数を2つ，3つと増やしていくとスリリングです。

　また，キツネを送るときの表現を「何時に寝ますか？」「どんなスポーツが好きですか？」など，いろいろな表現に置き換えることが可能です。

♥人間関係作りのポイント

　ゲームに熱中するあまり，せっかくの英語の表現がおろそかになってしまっては意味がありません。「ことばをていねいに相手に届けながら，鳥さん，キツネさんを，やさしく回してあげてね！」と指示することも必要です。

85 どっち？ドッジ

★英語表現　What fruits do you like?　★人数：大人数
★学年：中学年以上　★時間：20分　★準備物：ソフトバレーボール

ゲームのねらい

　小学生の子どもたちは，ドッジボールが大好きです。ボールをキャッチしたり逃げたりするドキドキ感がたまらないのでしょう。このゲームは，そんなドッジボールの楽しさに英語のやりとりの要素を入れてみました。

❖手順

1 【手順1】「内野と外野に分かれます。」

　体育館か運動場などの広い場所で行います。子どもの人数に合わせて下のようなコートを作ります。

　外野は6人〜8人ぐらいで，あとの人は内野に入ります。外野の人はどこからでも内野を狙えます。

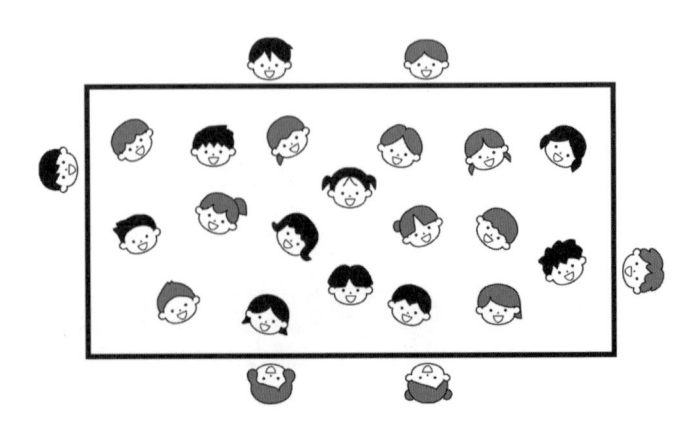

2 【手順2】"Ken, please."「ボールのやりとりの練習をします。」

　ボールはソフトバレーボールを使います。投げる人は，サッカーのスローインの要領で，頭上から両手でやさしくふわりとしたボールを投げます。投げる前に，相手の名前を呼んでから投げます。

3 【手順3】"Ken, what fruits do you like?"

　外野の人は，内野にいる人の名前を呼び，上のように尋ねます。そして，手順2のように，やさしくボールを投げます。

　内野のKenくんは "I like bananas." のように質問に対する答えを言いながら同時にボールをキャッチします。キャッチしたあとに英語で答えたらアウトです。

　うまくボールをキャッチできたら，その人は外野に出ていきます。このドッジは次第に内野の人数が少なくなります。

4 応用編

　慣れてきたら，ボールの数を2つ，3つと増やしていきます。攻撃が次から次へと続く緊張感があります。

　また，ボールの種類によって，赤いボールは果物，青いボールはスポーツなどのように，質問の種類を変えて行うこともできます。

💗 人間関係作りのポイント

　このドッジボールは強い球をぶつけ合う球技ではありません。みんなの間を，ことばのボールがやさしく行き交うゲームです。従って，アウトはなく，うまくキャッチできたら外野に出るというルールにしました。

86 ボキャブラ連想ゲーム

★英語表現　各種語彙　★人数：6人
★学年：高学年　★時間：10分　★準備物：絵カード，ストップウォッチ

ゲームのねらい

　昔「連想ゲーム」というTV番組がありました。お題のことばを，別のことばで言い換えて，お題のことばを連想するゲームです。このゲームは，それを英語で行います。別の英語で言い換えることで語彙を豊かにするのです。

手順

1 "Please choose group leaders."「グループのリーダーを決めます。」

　6人グループになるように調整します。人数が足りないときは，一人が2回行うなど調整します。
　まず，グループの中でリーダーを決めます。リーダーは連想ゲームの出題者になります。

2 "Group No.1. Please come here."「1班の人，前に来てください。」

　最初の班の人は全員，教室の前面に出て，右のイラストのように並びます。
　1番の人から順番に回答していきます。5番目の人が正解を出すまでの時間で競います。

3 "This is an animal quiz." 「動物についてのクイズです。」

　先生がクイズのジャンルを発表します。

　子どもたちに選ばせてもいいです。ここでは「動物」の例で説明します。

　先生はリーダーに10種類ほどの動物が書かれた絵カードを渡します。

　リーダーは，1番の人に絵カードの最初にある動物についてヒントを言います。

　例えばmonkey の場合，banana, brown, red, face, …と，次々にヒントを出します。

　1番の人はわかり次第，答えを言います。

　正解したら，リーダーは "Good!" と言い2番の人が回答します。

4 "Total time is ～." 「全体の時間は○○です。」

　上の要領で出題を続け，5番の子どもが正解を言った時点で，先生はその班の時間を発表し，黒板に書きます。

　次は2班のゲームになります。クイズのジャンルを変えて，同様に行います。

♥人間関係作りのポイント

　絵カードが10種類あるので「パス」が可能です。わからないときは「パス」と言って，次の質問に移ります。また，絵カードをきって，順番をバラバラにすることで，同じジャンルの問題でも何度も繰り返し使えます。

87 違っていいんです！

★英語表現　各種表現
★人数：5人　★学年：中学年以上　★時間：15分　★準備物：ホワイトボード

ゲームのねらい

　日本の文化では，人と同じことが美徳とされることが多いようです。しかし，このゲームでは，できるだけ人と違う答えを書いた人が得点できます。「人と違うことは悪いことではない」というメッセージを伝えています。

手順

1 "Please make groups of 5."「5人で1グループになります。」

　このゲームも，グループ対抗戦で行います。クラスサイズによって4人〜6人の単位でもいいです。
　最初に，1班の子どもたちが各自ホワイトボードを持って前に出て来ます。

2 "What fruits do you like?"「どんな果物が好きですか？」

　次に全員で，1班の子どもたちに向かって上のように言います。
　1班の子どもたちは，隣の子どもに見えないようにしながら，自分の好きな果物をホワイトボードに書きます。

3 "Answer please! One, two."「お答えをどうぞ！」

　先生は上のように指示をします。1班の子どもたちは，先生の合図に合わせて一斉にホワイトボードを表に向けながら，"I like apples."のように自分の書いた答えを言います。

このゲームは，他の人と答えがかぶらなければ得点がもらえます。例えば，下のような答えであれば，バナナとメロンの2点がもらえます。

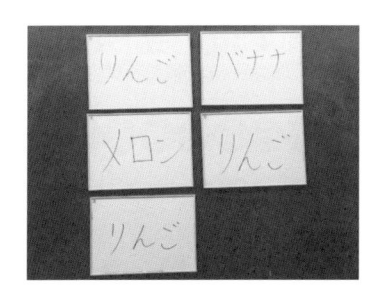

4 "Next group, please."「次の班の人，お願いします。」

以降，同じように，各班に順番に出題していき，それぞれの班で得点を競い合います。

質問は，毎回，同じ質問でもいいですが，慣れてきたら，班によって質問を変えてみてもよいでしょう。"What animals do you like?" や "Where do you want to go?" など，学習内容や，クラスの実態に応じて，いろいろ工夫してみましょう。

♥人間関係作りのポイント

「みんな違って，みんないい！」。金子みすゞさんのことばを引用するまでもなく，子どもたちはそれぞれ違った個性や考えを持っています。それを日頃から大切にしてあげれば，自己肯定感を育てることになります。

88 嵐が来た！

★英語表現　What do you want?　〜, please.
★人数：3人　★学年：全学年　★時間：15分　★準備物：なし

ゲームのねらい

このゲームは「リスと木こり」という名前でよく知られるゲームです。これを英語のゲームに応用しました。ゲームを通じて，子どもたちが仲良く手をつないだり，つないだ手の中に入ったりすることで温かい雰囲気が生まれます。

✤手順

1 "Please make groups of 3."「3人組になりましょう。」

3人一組で行います。下のように，2人は向かい合って立ち，手をつなぎます。この2人は穴の役です。先生は"You are a hole."と伝え，英語で「穴」hole の言い方を全員で練習しましょう。

2 "You are a rabbit."「あなたは，ウサギです。」

　2人が手をつないで作った穴の中に一人が入ります。この人はウサギの役です。みんなで「ウサギ」の言い方を確認しましょう。うまく3人組になれないときは，穴の役を3人組で行うなど工夫をしてください。

3 子ども："What do you want?"　オニ："Rabbits, please."

　最初に先生がオニをやります。子どもたちはオニに向かって"What do you want?"と尋ねます。オニは"Rabbits, please."と答えます。ウサギの役の人は全員，自分の穴から出て，他の穴に移ります。

　次に子どもたちが"What do you want?"と尋ねます。オニは"Holes, please."と答えます。穴の役の人は全員手を離して，別のウサギのところに行って，別の人と手をつないで穴を作ります。

4 "What do you want?" "A storm, please."

　最後に全員が動くパターンの練習です。嵐が来ますから，全員がバラバラになって，新しい場所に移り，穴かウサギのどちらかになります。嵐の言い方"A storm, please."も練習します。

　ルールが十分に理解できたらゲームを始めます。今度は，オニの役の人も，指示を出すたびに入れ替わります。

♥人間関係作りのポイント

　学年初めなどで，人間関係作りをより強調したい場合は，3人組の中に必ず異性が入るというルールにしてもよいでしょう。クラス作りが進んでくれば，自然と男女が入り混じって，仲良くゲームが進みます。

Chapter5　男女が仲良く関われるゲーム

89　Who's Who?
～いろいろ自己紹介～

★英語表現　Hi, my name is Taro. Nice to meet you. など
★人数：大人数　★学年：全学年　★時間：10分　★準備物：なし

ゲームのねらい

英語の自己紹介に，ちょっとした身体接触を取り入れてみましょう。単にことばだけで自己紹介するより，みんなともっと仲良くなれるでしょう。

✣手順

1 "Please make pairs, and greet each other."「自己紹介をしましょう。」

　自己紹介のしかたを，先生と代表の児童で見せて確認します。Eye contact や Clear voice にも注意させましょう。お手本のあと，「No.1。指切りをしながらあいさつをしましょう。」と指示し，ペアで指切りをしたまま，あいさつをします。

2 "Please change pairs and greet again."「ペアを変えて行います。」

「できるだけ男女関係なく，ふだん，あまり話したことのない人と，あい

さつできるといいね。」と話します。「No.2。今度は，握手をしながら，あいさつをしましょう。」と指示し，新しいペアで握手をしたまま，あいさつをします。

3 "Please change pairs and greet again."「ペアを変えて行います。」

同じ要領で，「No.3。今度は，背中合わせになりながら。」「No.4。今度は，膝と膝をくっ付けながら。」「No.5。今度は，頭と頭をくっ付けながら…。」と，変わったあいさつを5種類ほどします。

クラスの仲間関係がどれくらいできているか，また，子どもたちの発達段階に応じて，身体を使う内容は考慮して行いましょう。

4 "OK. Please greet again with No.1 friends."「指切りのあいさつだよ。」

「さあ，誰とどんなあいさつをしたか覚えているかな？」と言いながら，上のように言います。先生が言った番号の方法であいさつをした人を捜して，再び同じ方法であいさつをします。

お互いに，"Taro, yubikiri please!"など名前を言いながら友達を捜せるとすてきです。

何回か行ったあと，振り返りをしましょう。「前にあいさつをした友達と出会えてうれしかった。」「友達が，自分の名前を呼んでくれてうれしかった。」などの意見が出るといいですね。

♥人間関係作りのポイント

身体接触は，子ども同士，かなり自己開示ができていないと抵抗があります。最初は，ハードルの低い活動から始めましょう。また，どうしても無理な場合は「パス」もありにする方法もあります。

90 おしりあいキーワード

★英語表現　いろいろな語彙
★人数：2人　★学年：全学年　★時間：10分　★準備物：絵カード

ゲームのねらい

外国語活動では定番の「キーワードゲーム」。いろいろな語彙を覚えるのに適したゲームです。これに「椅子取りゲーム」の要素を加えると，軽い身体接触も生まれ，人間関係作りのゲームになります。

手順

1 "Let's play 'OSHIRIAI' key word game!"

先生は，黒板にその課で学習した語彙の絵カードを10枚程度貼りリピート練習します。ゲームを行う際，子どもにリピートさせるリズムやスピードを覚えさせるのが目的です。さらりと行いましょう。

2 "Any volunteers?"「代表でやってくれる人？」

ゲームの見本を示すペアを，一つの椅子を挟んで，背中合わせに立たせます。万が一，椅子から転げ落ちてもけがのないよう，それぞれのペアの間隔を十分離し，周りに危険なものがないよう，安全を確かめます。

3 "First, the key word is 'apple'."

　最初のキーワードの絵カードを手に持ち，子どもにゲームのやり方を見せます。

　「先生が，キーワードを言ったら，素早く座ります。」と簡単に説明し，見本のペアだけで，やって見せます。

　もし，2人が同時に座ったら，英語でじゃんけんをして勝負を決めることも伝えましょう。

　どのゲームの指示も短く，簡潔に行いましょう。

4 "Please make pairs. Are you ready?"

　ゲームのやり方がだいたい理解できた時点で，まず練習のゲームを行います。

　実際にやってみる方がよくわかります。

　もし，練習をする中で，よく理解できていないと思われる場面があれば，そこでゲームの進行を止めて，改善点を示すようにします。

　慣れてきたら，2，3回ごとにペアを変えるよう指示を出します。さっとペアになれるかどうかも，人間関係作りのゲームでは大切です。

♥ 人間関係作りのポイント

　どのゲームにも共通しますが，説明はできるだけ簡潔に行います。また，最初から完全に理解できていなくても，見本のペアを見たり，実際に身体を動かしたりすることで，ルールがわかる子もいます。

91 うそか，まことか？

★英語表現　いろいろな語彙（しっかり聞く練習）
★人数：2人　★学年：中学年以上　★時間：10分　★準備物：なし

ゲームのねらい

このゲームも，しっかり聞くためのキーワードゲームの一種です。先生の英語をよく聞いて，内容を理解して答えなければなりません。英語を聞き取る力だけでなく，頭の中でじっくり考える力を要求されるのです。

手順

1 "Please stand up, and hold your arms like this."

ペアになり，両腕を写真のようにまっすぐ差し出し，お互いの手をサンドイッチするように挟み込みます。

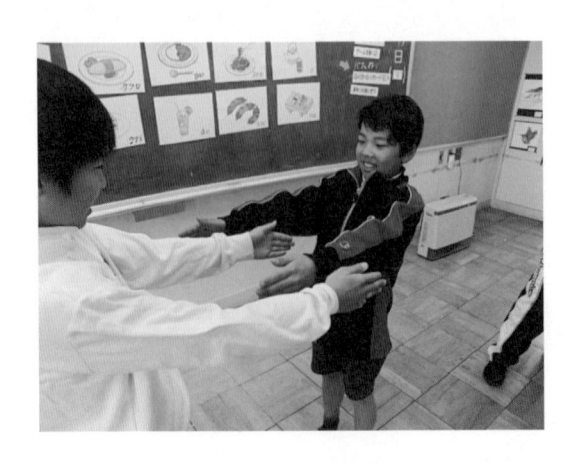

ペアで，捕まえる人（A），逃げる人（B）を決め，手をあげさせ，AとBの役割をしっかりと確認をします。

2「先生の言った英語の内容が正しければ，手はそのままです。」

　先生の言った内容が正しい場合の練習をします。正しいときは，手はそのまま動かしません。
　　例）T：Apples are red.　The sky is blue.

3「先生の英語の言った内容が正しくなければ，Aの人は相手の手を挟む人，Bの人は逃げる人になってください。」(*)

　　例）T：One plus one is three.　Red plus blue is green.
　はじめは単純で，わかりやすいもので説明した方がよいでしょう。英語的な内容だけでなく，理科や図工など，授業で学んだことを入れると，子どもたちの脳が活性化し，知的なクイズになります。

4「さあ，今度は正しい英文と，正しくない英文を混ぜて言います。よく聞いて間違えないように反応してください。」(*)

　「うそとまこと」を混ぜて行うと意外に難しいものです。周りの人の動きに惑わされて，間違った動きをする子どもも出てきます。
　間違って，相手の手をたたいてしまったら，ゲームの最後に相手の手をさすって，"Sorry!"と言ってやさしく謝りましょう。
＊英語でルール説明できる場合は，指示を英語で出してもよいでしょう。

♥人間関係作りのポイント

　このゲームは，英語を聞く（入力）→正しいかどうか考える（思考）→行動する（出力）というように，真ん中に「思考」が入ることが重要です。高学年の子どもは，頭を使った真に知的な活動を好みます。

92 ウインク・ハント

★英語表現　How are you?　I'm happy. など
★人数：大人数　★学年：高学年　★時間：10分　★準備物：なし

ゲームのねらい

「あいさつは，相手の目を見て行いましょう！」と言われますが，子どもは，なかなか，それができません。このゲームは，ウインクの要素を入れることで，楽しみながらあいさつと，アイコンタクトの練習ができます。

❖手順

1 "Let's greet with 5 friends!"「5人と英語であいさつをしましょう！」

全員がクラスの中を自由に歩き回って，友達と英語であいさつをします。
"Hi, ○○. How are you?"
"I'm ○○, how are you?"
5人の友達とあいさつをして自分の席に戻ります。

2 "Close your eyes, please."「目を閉じましょう。」

オニを決めるため，全員，目を閉じさせます。先生がそっと肩をたたいた人が「オニ」になります。はじめは2人ぐらいにします。オニになった人は友達に言ってはいけません。

3 「できるだけ多くの友達と，英語であいさつをしましょう！」

今度は，たくさんの友達と英語であいさつをします。ただしオニは，"I'm ○○, how are you?" と言ったあと，相手にこっそりウインクします。ウイ

ンクができないオニは目をつぶるだけでもいいです。
　オニにウインクされた人は，その場で静かに倒れ込みます。倒れることができないときは座り込んでも OK です。

4 "Help me, please!"

　オニにウインクされる前に，相手がオニだと感じたら "Help me, please!" と言います。これを先に言われたらオニは，"Wow!" と言って倒れ込みます。
　オニでない人に "Help me, please!" と間違えて言ってしまったら，間違えた人もその場に倒れ込み（座り）ます。
　最初に決めた2人のオニが判明した時点でゲームを終了します。

♥人間関係作りのポイント

　はじめのうちは「ウインクなんかムリ！」と言っていた子も，ゲームが進むにつれ，周りでばたばたと友達が倒れ込む姿を見て，ドキドキ，ハラハラで，いつの間にか楽しんでアイコンタクトをしています。

93 モシモシ伝言ゲーム

★英語表現　基本語彙や基本表現
★人数：6人　★学年：全学年　★時間：10分　★準備物：太めの紙芯

ゲームのねらい

　伝言ゲームなどをする際，子どもたちがこっそり「耳打ち」をすることを嫌がることがあります。そんなとき，模造紙などを巻いてある太めの紙芯を使い伝言してみました。これだけで，かなり心理的抵抗感が軽減されます。

❖手順

1 "Let's make groups of 6."「6人で1グループを作ります。」

　6人程度のグループ対抗でゲームを行います。クラスの学習班や生活班を活用しても構いません。順番に伝言していくゲームなので，人数にばらつきがあるときは，一人が2回行うなど，人数が公平になるよう配慮します。

2 "First students, please come here."「先頭の人はこちらに来て。」

　6人グループで1列に並ばせます。列の先頭の子どもを，廊下など別の場所に呼んで，伝言の「お題」を伝えます。例えば，アルファベットの大文字を学習したあとなら，MVPのように連続する複数のアルファベットを出題してもよいでしょう。

3 "Ready, go!"「用意，ドン！」

　先生の合図で，先頭の子どもから順に，紙芯を使い伝言していき，伝言し終わった子どもは座ります。全部のグループが伝え終わったら答え合わせを

します。各グループの最後尾の子どもが伝言された内容を言います。先頭の子どもは正解かどうか言います。

4 アレンジ（応用編）

　アルファベットの伝言の場合，例えばｖとｂの違いをはっきり聞き取り，正しく伝えるという，発音の正確さが要求されるゲームになります。
　一方，伝えるお題を食べ物の名前や建物の名前などにすれば，それらの語彙を記憶することが目的になります。
　また，高学年では英語劇の台詞の一部を抜粋して伝言すれば，台詞の暗唱や，英語をよく聞いて伝える練習になります。

♥人間関係作りのポイント

　高学年などは，特に男女の差を意識して，なかなか近くに寄って耳打ちすることができません。最初は少し長めの紙芯を使い，徐々に紙芯を短めにしていくと，自然と人と人との距離が近づいていきます。

94　PEN と PAN

★英語表現　音韻認識，音に対する気づき
★人数：2人　★学年：中学年以上　★時間：10分　★準備物：特になし

ゲームのねらい

子どもは大人に比べ，音に対する認識が優れていると言われます。しかし漫然と外国語の音声を聞かせるだけでは音韻認識は育ちません。このゲームは遊びを通して，子どもたちの「音に対する気づき」を育てます。

♣手順

1 先生が 'pen' と言ったら右手を，'pan' と言ったら左手をあげましょう。

まず，個人で音素を聞き分ける練習をします。はじめは，語の真ん中にあるeとaの違いがわかるように，先生は，ゆっくり，はっきりと発音しましょう。慣れてくれば，語頭や語尾の音などでもできます。

T：先生が 'pen' と言ったら，右手をあげてね。いくよ… 'pen' …そうそう。じゃあ，次は，先生が 'pan' と言ったら，左手をあげてね。いくよ… 'pan' …そうそう。
　　次は，どちらかをゆっくり言うから，よく聞いて手をあげてね。
　　'pan' …そう，左手だね。'pen' …いいよ，右手だね。（母音をはっきり強調して言う）
C：こんなの簡単。もっと，早く言って。
T：OK. じゃあ，早く言うから，よく聞いて手をあげてね。
　　'pen' …そう，右手だね。'pen' …また，右手だね。（自然な感じで，テンポを上げて）

2 "You are in group Pen, and you are in group Pan."

　座席の列で役割を決めます。片方の列を Pen グループ，もう片方を Pan グループに指定します。自分たちの役割をしっかり理解しているか，"Pen, raise your hands." などのように，挙手をさせて確認します。

3 "Face each other, and stand like this."「向かい合って立ちます。」

　p.190の写真のように，2人が向かい合って立ち，両腕をまっすぐ伸ばして，手が互い違いになるようサンドイッチ状にします。
　先生が "Pen." と言ったら，Pen の人は Pan の人の手を挟みます。Pan の人は挟まれないよう，伸ばした両腕を下にさげて逃げます。このルールを理解するまで，何度か練習を行います。

4 ゲームの応用

　この活動は，ALT や JET が来校したときに行ってもらうと効果的です。
　また，子どもたちの実態に合わせ，単語だけでなく，文章で聞かせるのも効果的です。例えば，"Do you have a pen?" "No. I have a pan." のようにすれば，高学年向けの活動になります。

♥ 人間関係作りのポイント

　何度かゲームを行ったら，友達の手をさすって，"I'm sorry!" と言いましょう。子どもたちに抵抗があるようなら，握手をして終わりにしてもいいです。「ふれあい」によって，温かい雰囲気が生まれます。

95 Pointing Game ②

★英語表現　各種基本語彙
★人数：1，2人　★学年：全学年　★時間：10分　★準備物：Hi, friends!

ゲームのねらい

「**21**　Pointing Game ①」(p.50参照)の続編です。できれば，**21** のゲームの体験をしてから，こちらのゲームを行った方がスムーズに進行できます。このゲームにも，人間関係作りの要素を入れてみました。

♣手順

1 "Let's play a pointing game.　This is a pointing race."

「**21**　Pointing game ①」を行っていれば，上のように言って，ペアで行う「競争の指さしゲーム」を復習します。2回目以降なら，少しテンポを上げて，スピーディーに行ってもいいです。

2 "Let's play a new pointing game. This is a finger twisting game."

今度は，先に指さしをした人は，その，さした指を，絵から離してはいけません。別のものを指さしたいときは，他の指を使って指さしします。まず，お互い片手で行いましょう。

3 "Now you can use both hands!"「次は，両手の指を使います。」

先ほどと同じルールですが，今度は両手の指が使えます。指の数が増えた分，チャンスが増えますが，手を置く位置や順番をよく考えないと，指が絡み合って動けなくなります。

下の写真のように，指や腕が絡まり合う様子が，ツイスティング・ゲームに似ていることから，このような名前をつけてみました。

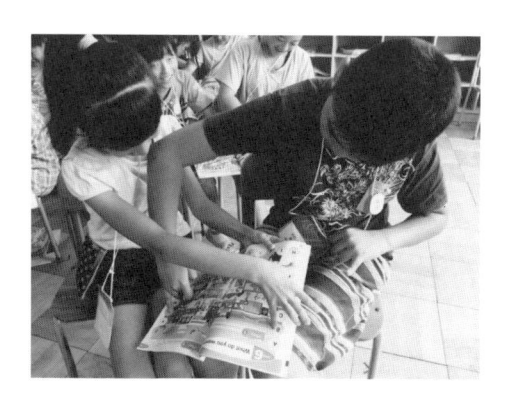

4 「finger twisting game を振り返ってみましょう。」

　単純なゲームですが，それだけに小さな子どもから，大人まで楽しめるゲームです。また，英語に限らず，低学年であれば，国語のことばの学習等にも応用できます。
　ここでも，ゲームのあとの振り返りを大切にします。指や腕がふれあうことで，人間関係作りにも役立ちます。

♥人間関係作りのポイント

　この活動は，ぜひ，高学年で行ってみてください。男女を意識し始めた年頃の子どもたちも，このようなゲームを通してならば，接触を敬遠しません。ゲームを楽しみながら，男女仲の良い雰囲気が生まれます。

96 おはじき BONGO ②

★英語表現　各種語彙
★人数：2人　★学年：全学年　★時間：10分　★準備物：おはじき

ゲームのねらい

「**8**　おはじき BONGO ①」（p.24参照）では，先生が単語を読み上げるのに合わせて，全員で一緒に活動しました。こちらの「おはじき BONGO ②」では，ペアで，背中合わせになって活動します。背中のぬくもりが伝わる，人間関係作りのゲームです。

♣手順

1 "Please make pairs."「ペアを作りましょう。」

このゲームはペアで行います。先生のかけ声で，子どもたちが自主的に，さっと男女のペアになれると，雰囲気のいいクラスになってきます。上手に男女のペアになれた子どもたちを，積極的にほめましょう。

2 "Please sit down like this."「こんなふうに座ってください。」

ふだん，床に直接，座って授業をしているクラスの場合は，体操座りで，背中合わせに座ります。椅子に座る場合は，背もたれを横にして，ペア同士背中がぴったり合うように座ります。

3 "Please put 5 marbles on the pictures."「おはじきを置きましょう。」

一人に5つずつおはじきを配布します。
相手と対抗戦で行うのでお互いにおはじきを置いたところが見えないよう

にしなければならなりません。

　準備ができたら，英語でじゃんけんをして，先攻・後攻を決めます。先攻の人から，一つずつ単語を言っていきます。相手の言った絵の上におはじきがあれば，それを取ります。

4 進行上の注意

　このゲームは，相手のおはじきをすべてなくしてあげた人の勝ちです。相手がどこにおはじきを置いているかを想像しながら進めます。
　もう一つは，相手とできるだけ背中をぴったり付けることです。背中を通じてことばと温かい気持ちを届けます。

♥人間関係作りのポイント

　このゲームのコンセプトは「ことばは，人を幸せにするために使う」。自分が先にBONGOになることより，友達をBONGOにしてあげようと，相手の状況を考えながらことばを使う子どもが育つとすてきですね。

97 漢字て What's This?

★英語表現　What's this?
★人数：6人程度　★学年：全学年　★時間：10分　★準備物：なし

ゲームのねらい

1年生から6年生まで，各学年で習う漢字を使って"What's this?"のクイズをします。背中に漢字を書いてリレーをするのは，英語の表現や漢字の定着だけでなく，ふれあいを通じた人間関係作りを目指しています。

❖手順

1 "You are in group A."「みんなはAグループです。」

6人程度が1列に並んだ状態のグループ対抗戦で行います。教室の座席の縦横列を使うと便利です。

リレー形式のゲームですので，各グループの人数が同じになるような工夫をしてください。

2 "First students, please come here."「最初の人は，来てください。」

各列の最初の子どもを呼んで，問題となる漢字を見せて，覚えてもらいます。学年によっては，それぞれ最初の子どもが，リレーする漢字を自分で考えてもいいです。その際は，画数などを指定しましょう。

3 "Please write kanji, and ask 'What's this?'"

最初の子どもは，次の子どもの背中に，指で漢字を書きます。そして"What's this?"と聞きます。

２番目の子どもは，その漢字が何であるかわかれば，"I know!"と言い，３番目にリレーします。

　２番目の子どもが，漢字がわからないときは，１番の子どもに"One more time, please."と聞き返します。聞き返せるのは３回までなど，回数を決めておきましょう。

4 "Let's check your answer."「答え合わせをしましょう。」

　最後まで伝わったら，最後の人は立ちます。全員が立ったところで，A班から順に，最初の人と最後の人が前に出てきてお互いの漢字を黒板に書いて，正しく伝わったかどうかを確認します。

♥人間関係作りのポイント

　子どもたちの実態によっては，背中に触れられることを極端に嫌がる場合があります。その場合は，目を閉じさせて，手のひらに書いてリレーすることも考えられます。子どもたちにも無理のない方法を工夫しましょう。

98 目隠しシェープ

★英語表現　形
★人数：5人～8人　★学年：中学年以上　★時間：10分　★準備物：なし

ゲームのねらい

目を閉じて何も見えないと，誰しも不安な気持ちになります。そんな不安な状況で，友達と手をつないで，仲間の動きを感じながら活動することで，目には見えない，仲間との絆や信頼感が感じられることがあります。

✤手順

1 "Please make group circles, and shake hands."

5人～8人ぐらいのグループで輪を作り手をつなぎます。
できれば，男女が混合のグループを作り，手をつなぐときも，自然に男女交互の状態になれると，すてきですね。

2 "OK. Please make a triangle."「三角形を作りましょう。」

グループ全員が手をつないだ状態で三角形を作ります。人数によってできる三角形の形は違っても構いません。他にも四角形 rectangle や，正方形 square など，子どもの実態に応じていくつか練習します。

3 "Please close your eyes, and make a triangle."「目を閉じてください。」

　次に、目を閉じたまま行います。教室によっては、躓いたりする危険があるので、2つのグループが交互に行い、見ているグループが安全かどうか見てあげるのもよいでしょう。

　三角形ができたら、目を開けさせ、きちんとした三角形ができたかどうか確認します。

　四角形、星形、ハートなどいろいろな形でやってみましょう。

4 "Please don't speak and make shapes."「話をしてはいけませんよ。」

　ここまで、ある程度できるようになったら、目を閉じて行う活動を、「全く無言で」行います。

　ことばで確認することができない分、相手の位置関係や動きをしっかり感じて動かなければなりません。

♥人間関係作りのポイント

　目を開けて形を作っていたときは「余裕」でできていたことが、目を閉じたことで一段と難しくなります。さらに、ことばを使うことができないことで、より相手のことを「意識」して行動するようになります。

5　男女仲良く

99 あっち，こっち，タッチ！

★英語表現　身体の部分の語彙
★人数：大人数　★学年：全学年　★時間：10分　★準備物：なし

ゲームのねらい

この活動は，身体の部分の言い方に十分慣れ親しんでから行いましょう。オニは，友達のいろいろな部分をタッチするよう指示します。オニの言った通りにすれば，オニに捕まりません。恥ずかしがらずタッチしましょう！

❖手順

1「先生の言う通りにタッチしてね。」"Please touch your nose."

先生は，みんなの前に立って，上のように指示します。
　さらりと身体の部分の言い方の復習をしてからゲームに入ります。knee, elbow, shin など新しい語彙を導入してもよいでしょう。

T：先生が言うように，身体の一部にタッチしてね。
　　Please touch your nose.（子どもが動き始めてから，先生も鼻をさわる）いいねぇ！
　　次は，Please touch your head. そうだね！
T：じゃあ，難しいのいくよ。Please touch your shoulders.
C：こんなの簡単じゃん。
T：ブブーッ。Please touch your shoulders. 両手で触っている Goro くん正解！

2「次はペアになってやるよ。」"Please touch your friend's head."

　次にペアになって，友達の身体をタッチする練習をします。
　必ず，やさしく，ゆっくりタッチすることを指示しましょう。
　また，顔の部分は危険なので指示は出さないようにします。

3「あっち，こっち，タッチゲーム！」"Please touch your friend's head."

　先生が上のように言ったら，近くにいる友達とペアになり，お互いの頭を片手（単数形のとき）でタッチして座ります。
　ペアになれなかったり，ペアになってもお互いの身体に正確にタッチしていないと先生（オニ）に捕まります。先生が"OK. Next game."と言ったら手を離し立ち上がります。

4 "Please touch your friend's shoulders."

　次に先生が上のように言います。このときは，両手（複数形のとき）で友達の両肩をタッチします。正しくタッチできなかったり，ペアが見つからず右往左往している間に，オニにタッチされたら，その人はオニの部屋に入れられてしまいます。
　数回ゲームをして，オニの部屋に子どもがたまったら，その人たちでじゃんけんをし，次のオニの役を決めます。

♥ 人間関係作りのポイント

　気軽に，友達の身体に触れられるようになるには，人間関係が深まってくる必要があります。このゲームは学級の人間関係がある程度できてきた頃に行うと，クラスの雰囲気がいっそう温かいものになります。

100 重ね重ね, Excuse Me!

★英語表現　What fruits do you like? など
★人数：大人数　★学年：中学年以上　★時間：15分　★準備物：なし

ゲームのねらい

　椅子取りゲームは，ゲームが進むごとに，だんだん椅子の数が少なくなっていき，座れない人が増えてきます。このゲームは，椅子が少なくなっていっても，最後までみんなが座れるような工夫をしました。

✤手順

1 "Please make a big circle." 「輪になって座りましょう。」

　椅子取りゲームのように，全員輪になって座ります。できるだけ男女が交互になるように座れるといいですね。
　はじめに，輪の中心に先生が立ち進行します。

2 "What fruits do you like?" 「どんな果物が好きですか？」

　先生は子どもたちに上のように尋ねます。子どもたちは，それぞれ好きな果物を "I like apples." "I like bananas." などと答えます。
　次に，子どもたちも先生に "What fruits do you like?" と尋ねます。

3 "I like bananas." 「バナナです。」

　先生が，子どもたちの質問に上のように答えます。
　すると "I like bananas." と答えた子どもは，さっと席を立ちます。そして，右隣の子どもに "Excuse me!" と言い，その子どもの膝の上に座りま

す。
　以降，同じように，先生が子どもたちに好きな果物や野菜，スポーツなどの質問をしていきます。
　先生と同じ答えだった子は立ち上がり，右隣の子どもの膝の上に座ります。ただし，右隣の席が空いていればそこに座ってもいいです。

4 注意点

　あまり重なりすぎると，倒れてけがをする可能性があります。3人以上重なりそうになったら，一旦，全員リセットするなど安全面に配慮してください。

♥ 人間関係作りのポイント

　このゲームは，人間関係作りのゲームの中でもかなり高度なものです。男女関係なく膝の上に座ることができる深い人間関係ができていなければなりません。学年の最後にクラスの親密度を測ることができます。

おわりに

「先生，石巻の子どもたちに，励ましの手紙を送ろうよ！」

東日本大震災についての新聞記事をクラスで読み合っていたときのことでした。ふだんはやんちゃなAくんのことばに，みんながハッと顔をあげ「やろう，やろう！」と大賛成しました。彼らは，いわゆる「大変な学級」と言われるクラスの子どもたちでした。学級活動でゲームをしても，盛り上がりすぎて羽目を外し，しょっちゅう喧嘩も起きていました。

「どうしたら，子どもたちが仲良く助け合えるクラスになるだろう？」

そんなことを考えていたとき，私はふと，「そうだ，子どもらが大好きなゲームをクラス作りに使ってみたら？」と考え，様々な授業で「ゲーム」を取り入れることに挑戦しました。そのときに意識したことは以下の3点です。

1）できるだけWin-Winの状態になるゲームを行うこと。
2）できるだけ子ども同士がふれあう場面があるゲームを行うこと。
3）ゲームのあとに振り返りの活動を必ず入れること。

まず，クラスに喧嘩が少なくなってきました。Win-Winのゲームを行うことで，「勝ち負けより楽しいことがある」ことに子どもが気づいたからです。次に，男女の仲が良くなっていき，クラスに一体感が生まれるようになってきました。ふれあいの場面を多く体験することで，子どもたち同士の心理的距離が近くなっていったからです。そして，3学期の終わりになって，最初に紹介したAくんのように「自分たちの仲間以外の人」のことまで考えられるクラスに成長していきました。

外国語活動はコミュニケーション活動を通して，「豊かな人間関係」を築くものです。みなさんも，ゲームを活用して仲の良い温かいクラスを作ってみませんか？

最後に，私の拙い実践を，一冊の本にまとめ上げるよう，粘り強くご指導してくださった，明治図書の木山麻衣子さんに心より御礼申し上げます。

平成27年4月

加藤　拓由

参考文献

① 甲斐崎博史　著（2014）
『クラス全員がひとつになる　学級ゲーム＆アクティビティ100』
ナツメ社

② 諸澄敏之　編著（2005）
『みんなのPA系ゲーム243』
杏林書院

③ 八巻寛治　著（2012）
『よくわかるDVDシリーズ　エンカウンターの心ほぐしゲーム』
小学館

④ 青木将幸　著（2013）
『リラックスと集中を一瞬でつくる　アイスブレイクベスト50』
ほんの森出版

④ 小川隆夫　著（2007）
『高学年のための小学校英語　―「先生，英語やろうよ！2」』
松香フォニックス研究所

⑤ 岡秀夫・金森強　編著（2009）
『小学校英語教育の進め方　―「ことばの教育」として』
成美堂

【著者紹介】

加藤　拓由（かとう　ひろゆき）

　1965年生まれ。愛知県出身。東京外国語大学中国語学科卒業。東京都公立中学校，愛知県公立中学校，インド日本人学校，愛知県公立小学校を経て現在，愛知県春日井市立高森台中学校教諭。小学校で英語を教え始め，それまでの英語教育の指導法とは全く異なる指導法・指導観があることに気づき，「小学校の担任が中心となって行う外国語活動の指導法」の研究に取り組んでいる。特に，小学校の担任教師が得意とするクラスの仲間作りや，他教科の知識を応用した外国語活動の指導法に関心を持ち，自らも学級担任やALTの先生と共に授業実践を重ねつつ，全国の学会・研究会に参加し日々研究を深めている。

　著書に『たった4語の英語で授業』（愛知教育大学外国語教育講座），『イラストで見る　全単元・全時間の授業のすべて5年』（一部執筆，東洋館出版社）『小学校英語教育法入門』（一部執筆，研究社）など。第四回国際言語教育賞児童英語教育部門受賞。

外国語活動サポートBOOKS

クラスがまとまる！男女が仲良くなれる！
小学校英語コミュニケーションゲーム100

2015年6月初版第1刷刊　©著　者　加　藤　拓　由
2019年5月初版第7刷刊　　発行者　藤　原　久　雄
　　　　　　　　　　　　　発行所　明治図書出版株式会社
　　　　　　　　　　　　　　　　　http://www.meijitosho.co.jp
　　　　　　　　　　　（企画）木山麻衣子（校正）有海有理
　　　　　　　　　　　〒114-0023　東京都北区滝野川7-46-1
　　　　　　　　　　　振替00160-5-151318　電話03(5907)6702
　　　　　　　　　　　　　　　　ご注文窓口　電話03(5907)6668
＊検印省略　　　　　　　組版所　長野印刷商工株式会社

本書の無断コピーは，著作権・出版権にふれます。ご注意ください。

Printed in Japan　　　　　ISBN978-4-18-179720-1
もれなくクーポンがもらえる！読者アンケートはこちらから →